RECHERCHES
SUR
MONTAIGNE
DOCUMENTS INÉDITS
RECUEILLIS ET PUBLIÉS
Par le Dʳ J.-F. PAYEN.

Nº 4.

> Examen de la vie publique de Montaigne, par M. Grün. — Lettres et Remontrances nouvelles. — Bourgeoisie romaine. — Maison d'habitation et tombeau à Bordeaux. — Vues, plans, cachets, fac-simile. — Raimond Sebon.

PARIS
J. TECHENER, LIBRAIRE.

1856

VUE DU CHATEAU DE MONTAIGNE.
(Façade de la Cour)

RECHERCHES
SUR
MONTAIGNE
DOCUMENTS INÉDITS
RECUEILLIS ET PUBLIÉS
Par le Dr J.-F. PAYEN.

N° 4.

Examen de la vie publique de Montaigne, par M. Grün. — Lettres et Remontrances nouvelles. — Bourgeoisie romaine. — Maison d'habitation et tombeau à Bordeaux. — Vue, plans, cachets, fac-simile. — Raimond Sebon.

PARIS
J. TECHENER, LIBRAIRE.

1856

CACHETS DE MONTAIGNE.

Le cachet authentique qu'on voit au recto de ce feuillet, est le sceau ou scel qui a appartenu à Michel Montaigne. Il est assez imparfaitement gravé en creux sur un cube d'acier qui ne pouvoit pas être appliqué seulement avec la main et devoit être réservé pour les actes importants. Cette précieuse relique se trouve en la possession de M. le vicomte de Gourgues qui a bien voulu me la communiquer, et m'a autorisé à la publier.

Du tems de Montaigne on ne représentoit pas les émaux par des hachures, j'ai cru ne pas devoir suppléer à cette lacune ; du reste notre philosophe « *portoit d'azur semé de trèfles d'or, avec une patte de lion de même, armée* « *de gueules, mise en fasce.* »

J'ai fait connoître antérieurement le petit cachet que je reproduis ci-dessous ; la preuve que l'autre étoit le sceau *réservé*, c'est que Montaigne employoit celui-ci même en écrivant au souverain, car je l'ai calqué sur des lettres adressées à Henri IV :

Nota. — Les pièces dont se compose cette publication, ont été imprimées isolément et à quelques mois d'intervalle. C'est ainsi que s'explique le défaut de suite dans la pagination.

J.-F. P

RECHERCHES ET DOCUMENTS

INÉDITS

Sur Michel MONTAIGNE

LA VIE PUBLIQUE DE MONTAIGNE,

PAR M. GRÜN.

L'ouvrage que M. Grün a publié, il y a bientôt un an, sous le titre de : Vie publique de Montaigne, a été analysé dans le plus grand nombre des feuilles périodiques de Paris, et dans quelques-unes des départements ; en général, les auteurs de ces comptes-rendus se sont plus attachés à faire ressortir les mérites incontestables du livre qu'à l'apprécier d'une manière complète, et je suis sûr que l'excellent esprit de M. Grün l'empêche d'accepter toutes les louanges qu'il a reçues ; j'ai attendu patiemment, et j'espérois qu'un écrivain impartial s'imposeroit la tâche d'étudier à fond cette œuvre importante, de lui assigner sa véritable place et de signaler les erreurs de fait ou d'appréciation qui la déparent. Seuls MM. Villemain, à Paris, et Delpit, à Bordeaux, ont véritablement abordé la critique ; le premier avec l'autorité de son nom et l'élégance courtoise de sa plume, le second avec la verve caustique et gasconne qui le distingue ; mais le cadre adopté par ces écrivains ne comportoit pas un examen détaillé ; et malgré ma répugnance pour sortir de la réserve que je m'étois imposée, je me suis cru forcé d'intervenir et de signaler des erreurs d'une portée d'autant plus grande qu'elles sont protégées par un nom, une position et un remarquable talent.

Je n'entreprends pas la critique du livre de M. Grün, je ne suis point un critique; mais les rares loisirs que j'ai pu consacrer à Montaigne m'ont mis à même de recueillir quelques renseignements qui se sont parfois trouvés en désaccord avec l'ouvrage que j'analyse; lorsqu'il y aura doute, je discuterai; lorsque l'erreur me paraîtra manifeste, je la signalerai; M. Grün sans doute n'y perdra rien et la vérité y gagnera; je n'ai pas d'autre but, car j'ai mis au service de Montaigne autant de désintéressement que d'amour.

Mon article se composera d'abord de quelques observations générales ; je tâcherai ensuite de combler plusieurs lacunes ; enfin, je signalerai les erreurs que j'ai cru rencontrer.

Au risque d'une répétition, je reproduirai ici le jugement si justement motivé de M. Villemain sur le titre de l'ouvrage. Quelle qu'ait été la vie de Montaigne, elle s'est trouvée circonscrite dans un cercle trop restreint pour exercer une influence sur les affaires générales du pays, et le titre de *Vie publique* est impropre et trop ambitieux, comme celui d'*Étude* est peut-être trop modeste.

Je proteste, autant qu'il est en moi, contre la manière dont M. Grün a cru devoir diviser la biographie de Montaigne, en exagérant et dénaturant l'exemple donné par M. Leroux de Lincy, dans la Vie de Marguerite de Navarre. En étudiant isolément Montaigne, maire, magistrat, gentilhomme de la chambre, chevalier de l'ordre, etc., il est impossible de le connaître; à ce système de divisions, il n'est pas de limites, et déjà les douze Montaigne de M. Grün ne lui suffisent plus; il en est aux subdivisions, et depuis la publication de son livre il nous a donné *Montaigne économiste*. La méthode peut être bonne pour enregistrer des faits fixes comme ceux de la géographie ou de la statistique, mais elle est assurément infidèle pour apprécier cet être ondoyant et divers, cette unité complexe qu'on appelle l'homme.

Pour Montaigne, on peut dire qu'il est assez décousu pour qu'il ne soit pas bon de le découdre encore. Ce qui intéresse dans un article biographique, c'est la contradiction qui existe souvent entre le milieu dans lequel un homme naît et ses aspirations, entre ses facultés et ses désirs; ce sont les réactions du caractère sur les fonctions et réciproquement, et c'est le résultat de cette lutte qui constitue l'*individualité*.

Chez Montaigne, montrer le maire actif aux prises avec l'épicurien nonchalant, le philosophe avec l'homme de cour, l'élève de Rome et d'Athènes avec le gentilhomme du XVIe siècle, le chrétien avec le sceptique, là est le véritable intérêt et, on peut le dire, l'enseignement; et il faut que M. Grün me permette d'écrire, *très sérieusement,* que les différents Montaigne qu'il nous présente ne sont pas plus le Montaigne de l'histoire que le jaune ou le rouge n'est la couleur de l'habit d'Arlequin.

Il y a plus, et l'intérêt s'accroît lorsqu'un écrivain de talent et de goût rapproche les biographies de plusieurs personnages dont l'existence, l'influence, les opinions ou les ouvrages offrent quelque analogie; ce qui est précisément le contraire du procédé contre lequel je réclame (1).

Nonobstant les recherches auxquelles M. Grün s'est livré et malgré le luxe d'érudition auquel il s'est peut-être un peu trop abandonné, il accepte souvent des renseignements *de seconde main*. Ainsi, sur la foi de Meunier de Querlon, il a reproduit une grosse erreur que la moindre vérification lui auroit fait reconnoître, sur la prétendue ambassade d'un d'Elbene à Rome.

---

(1) Voltaire, qui s'y connoissoit, n'auroit pas aimé à être ainsi découpé en mosaïque biographique :

« De Saint-Ange, le traducteur d'Ovide, ayant été, comme les autres gens de lettres, présenter ses hommages à Voltaire pendant son dernier voyage à Paris, voulut finir sa visite par un coup de génie, et lui dit : — Aujourd'hui, Monsieur, je ne suis venu voir qu'Homère, je viendrai voir un autre jour Euripide et Sophocle, et puis Tacite, et puis Lucien, etc. — Monsieur, je suis bien vieux ! Si vous pouviez faire toutes ces visites en une fois ? » (*Mosaïque littéraire.*)

En transcrivant des passages empruntés à la *Guyenne historique*, il fait honneur à M. Ducourneau de ce qui appartient à MM. Delpit. (*Notice d'un manuscrit de la bibliothèque de* Wolfenbuttel, intitulé : *Recognitiones feodorum*, où se trouvent des renseignements sur l'état des villes, des personnes et des propriétés en Guyenne et en Gascogne au xiiie siècle, par MM. Martial et Jules Delpit, in-4, 1841.) Il mentionne le volume intéressant publié en 1851, dans lequel M. Ph. Chasles a étudié l'influence que Montaigne a exercée sur Shakspeare; mais il ignore apparemment que ce travail, déjà publié en 1846, dans plusieurs numéros du *Journal des Débats*, avoit été précédé par des *Observations sur un autographe de Shakspeare*, par sir Frédéric Madden, et d'un important article de *The London and Westminster Review, April—August—*1838, dans lesquels cette thèse est soutenue et établie en partie par les mêmes arguments qu'emploie l'ingénieux professeur du Collége de France. La remarque étoit bonne à faire, car cette opinion acquiert d'autant plus d'autorité qu'elle est soutenue par les compatriotes du grand tragique. (Il est juste de remarquer que M. Chasles cite des sources, mais il n'indique pas celles-là.)

M. Grün a usé d'un procédé de rédaction dont sa loyauté a dû, depuis la publication, lui faire reconnoître les inconvénients; bien des fois il isole l'énoncé d'un renseignement de la source qui le lui a fourni. Ses apologistes même s'y sont trouvés pris et lui ont fait honneur de découvertes qui ne lui appartiennent pas; ainsi fera la majorité des lecteurs. Page 10, M. Grün écrit : « *J'ai fixé l'époque de la naissance* » (de Montaigne), et, page 2, il cite les Essais où Montaigne dit : « Je na-
« quis le dernier jour de février 1533. »

Page 11, M. Grün écrit : « *Je précise* l'époque à laquelle Montaigne devint chevalier de l'ordre de Saint-Michel; » et page 169 : « La *date précise* de la promotion de Montaigne a été mise en lumière par M. le Dr Payen. » Ici M. Grün a induit en erreur des critiques qui ne lui sont pas suspects; M. Avenel, dans l'*Athenæum*, dit : « Écoutons M. Grün, il expliquera

« mieux que nous comment il a compris,.... etc., » et il cite la phrase de la page 11, *sans l'autre mention;* et M. Barrière *(Journal des Débats)* a été plus loin, il endosse la responsabilité de la phrase : « Les biographes, par différentes raisons, *ont « erré* sur la date (de la nomination à l'ordre de Saint-Michel); « M. Grün la détermine *invariablement.* » Ces exemples, que je pourrois multiplier, suffisent à témoigner de l'inconvénient que j'ai signalé.

Un autre reproche, qui se rattache à celui qui précède, m'est suggéré par la *mise en scène* à laquelle M. Grün a recours pour paroître établir, par la seule force de son raisonnement, par ses inductions, ses présomptions, par une discussion savante, des faits qu'il sait être décidés à l'avance par des pièces authentiques dont le simple exposé devoit suffire.

Par son style toujours élégant et pur, parfois énergique, par des détails si spirituellement racontés, M. Grün possède assez l'art de captiver son lecteur sans qu'il lui soit nécessaire de recourir au pittoresque. Quand, après avoir lu vingt pages d'une discussion habilement conduite, on trouve la mention d'une pièce qui à elle seule décide le fait, on se prend à regretter l'attention qu'on a inutilement dépensée, et on se demande pourquoi l'auteur n'a pas commencé par cette vingtième page. A la première lecture cet artifice séduit, mais l'ouvrage de M. Grün n'est pas de ceux qu'on ne lit qu'une fois, et en le relisant on ne voit plus dans ce procédé que la preuve d'une érudition que personne ne met en doute.

Ce reproche, si je ne me trompe, a une certaine gravité, et comme je crains que M. Grün n'en tienne pas compte, je veux lui citer au moins deux exemples; j'en pourrois trouver davantage.

La question que soulève le secrétariat de Catherine de Médicis méritoit assurément d'être discutée; mais après avoir articulé ce fait que quelques biographes ont cru à tort que Montaigne avoit rempli ces fonctions, après avoir nommé, si M. Grün y tenoit, MM. Jay, Victorin Fabre, Amaury Duval, Payen, comme ayant commis cette erreur, une seule chose restoit à faire, c'étoit de reconnoître qu'une pièce, que M. Grün sait exister entre mes mains, décide irrévocablement la question, et rend sur ce point toute discussion superflue. Mais M. Grün a trouvé cette marche trop simple; il énonce l'erreur, puis il tient pendant vingt pages son lecteur en suspens; il discute le style des *Avis*, écrits au nom de la reine par un Montaigne quelconque, pour montrer qu'ils ne sont point sortis de la plume de Michel; il fait ressortir l'obscurité du nom et de la personne de notre auteur, son inexpérience des choses de la cour à l'époque à laquelle on dit que ces *Avis* ont pris naissance; il contredit l'opinion reçue qu'ils ont été écrits pour Charles IX; puis, lorsqu'il a clairement établi qu'ils ne peuvent pas être l'œuvre de Montaigne, il les donne à peu près tout entiers, et ils sont longs! Enfin il conclut, mais, remarquez-le! avant de faire comparoître la pièce qui est la seule autorité! De telle sorte que pour tout lecteur c'est uniquement par la puissance du raisonnement que M. Grün est parvenu à établir sa conviction, et la pièce originale, officielle, ne paroît que plus tard, escortée d'une supposition, tout à fait incidemment, et il est complétement impossible d'apprécier l'importance qui lui appartient dans ce débat. M. Villemain lui-même a été trompé par cette longue discussion, il dit : « M. Grün a coulé à fond cette erreur..... dans une discussion « de vingt pages, d'une netteté parfaite; il prouve,..... etc. » L'intelligent critique n'a pas pu soupçonner que cette pièce, émanée de Catherine de Médicis, à laquelle deux lignes seulement sont consacrées tout à la fin du chapitre, tranche la question bien plus sûrement que toutes les argumentations. *Qui donc comprendra?*

Tout cela est sans doute fort habile, fort dramatique : tel l'artiste, qui veut introduire le spectateur dans une salle de panorama, le plonge d'abord dans une obscurité complète, puis par des détours savamment combinés l'accoutume insensiblement à la lumière; mais la sévérité de l'histoire s'accommode mal de ces habiletés que caractérise très bien une locution familière : «*Enfon-*

« *cer une porte ouverte* (1). » Et puis, voyez le malheur! M. Grün, qui marche si sûrement à la vérité quand au départ il la connoît, du moment où il ne sait plus à l'avance le mot de l'énigme, il se perd, il fait fausse route! Par la force de ses inductions, par la rigueur de ses déductions, il arrive à être d'accord....... avec un acte authentique qu'il connoissoit; mais cet acte, le hasard! et c'est bien un hasard! fait que je ne le lui ai pas montré; il n'y a donc pas vu quel est le Montaigne secrétaire de la reine, et pourtant il veut le connoître, et à l'aide de ces mêmes ressources, dont il usoit tout à l'heure avec tant de bonheur, il arrive à conclure *que ce doit être* Jacques Montaigne, avocat général à Montpellier; puis il ajoute, *sans autre preuve,* que ce Jacques se fit *sans doute* remarquer dans une mission en 1562, ou lorsque la cour traversa le Midi en 1565; et continuant, il dit : « Charles IX le plaça auprès de sa mère, *puis* le nomma maître « des requêtes » (remarquez l'ordre des nominations !) ; et enfin M. Grün conclut que *c'est lui qui doit avoir signé la pièce que possède M. Payen,* et il complète la série des suppositions en disant que Jacq. Montaigne resta *probablement* près de la reine, que c'est lui qui *a dû* l'accompagner dans le voyage de 1578, que *peut-être* Montaigne a rencontré Jacques à la cour de Nérac !!!... Singulière biographie! et Bouhier n'avoit pas accumulé tant d'erreurs lorsque M. Grün lui lance à la face cette apostrophe : « *Bouhier conjecture donc à faux.* »

Si je ne tenois à rester avec M. Grün dans les limites d'une stricte politesse, je lui renverrois la phrase qu'il adresse aux malavisés qui ont pu croire, pendant un temps, que Montaigne a écrit les *Avis* : « *Je m'inscris en faux contre toutes ces ima-* « *ginations.* »

M. Grün a signalé une erreur *reconnue avant lui par l'un au moins de ceux qui l'avoient propagée,* il a profité d'une pièce qui apprend que le secrétaire de Catherine n'étoit pas MICHEL, mais il veut que ce soit JACQUES! *il le prouve,.....* et pourtant

---

1) Montaigne dit de ce procédé que c'est *deviner à l'envers.*

..... ce n'est pas JACQUES,...... c'est FRANÇOIS ! De sorte que cette immense dissertation aboutit à substituer *Jacques* à *Michel*, une erreur à une autre. *Parturient montes! Beaucoup de peine pour rien,* comme dit *Shakspeare* (1).

La vérité simple est que Jacques Montaigne a été avocat général, puis président à la cour des aides de Montpellier (j'ai de lui un reçu d'avril 1572); mais il n'a pas été secrétaire de Catherine de Médicis (2). Le Montaigne qui remplissoit ces fonctions étoit FRANÇOIS MONTAIGNE, qualifié, sur les diverses pièces que je possède de lui (1572), *secrétaire ordinaire de la chambre du roi,* ou *secrétaire de la chambre du roi et de la reine-mère dudit Seigneur.* Enfin une pièce signée de CATHERINE dit dans le texte : « *François Montaigne, notre secrétaire,* » et une annotation autographe de cette princesse recommande que MONTEGNE (3) *contresigne* l'acte en question (28 décembre 1578). M. Lucas Montigny possédoit, en 1851, deux pièces de ce FRANÇOIS DE MONTAIGNE : une lettre de 1574, où sa signature est au-dessous de celle de la reine-mère, et un acte notarié postérieur de six ans.

On remarquera que la date de ces pièces ne contredit ni n'appuie l'opinion de M. Grün, qui veut que les AVIS s'adressent à Henri III et non à Charles IX. Les historiens de ces rois discuteront ce point, et ils pourront trouver encore quelques objections, par exemple, l'opinion de Le Laboureur, qui se prononce pour le dernier Roi, celle des mémoires de Condé et celle de MM. Cimber et Danjou, qui pensent de même et dé-

---

(1) On peut juger par là de la rigueur des conclusions de M. Grün, il n'a pas vu une pièce ! et néanmoins il dit: *C'est tel*, ON N'EN SAUROIT DOUTER, qui a contresigné la pièce que possède M........ !

(2) Duverdier consacre au protégé de M. Grün un article long et médiocrement flatteur. (Voy. P. Paschal, page 1035.)

(3) Je remarque la manière dont le nom est figuré par la reine, et je demande si cela ne sembleroit pas indiquer qu'à Paris, au moins, la présence de l'I dans la seconde syllabe, la faisoit prononcer TAI, tandis qu'il est à peu près certain que dans le pays on prononçoit : TA: MONTEGNE et MONTAGNE. (Voy. les *fac-simile*).

cident la question indécise pour M. Grün, de la présence de la cour à Gaillon, en 1563; enfin je lisois, il y a peu de jours, une lettre autographe de Catherine de Médicis, incontestablement adressée à Charles IX, où se trouvent des avis de même nature que dans la pièce en discussion : la reine recommande au roi, *lorsqu'il lui écrit, de ne plus mettre le mot de serviteur* (1569); mais tout cela est indifférent pour la biographie de Montaigne.

Ce même artifice de rédaction se retrouve dans ce qui a trait à l'époque où Montaigne est devenu chevalier de Saint-Michel. On a pu errer sur ce point jusqu'à ce qu'une pièce authentique vînt le fixer; cette pièce, je l'ai fournie en publiant la lettre par laquelle le roi annonce à Montaigne sa nomination; postérieurement j'ai confirmé cette date en publiant, dans les ÉPHÉMÉRIDES de MONTAIGNE, la note autographe qui a trait à cet événement; du moment que M. Grün possédoit la première de ces preuves, où étoit la nécessité d'employer quatre grandes pages à inventorier des erreurs? de faire *comparoir* dom de VIENNE, BOUHIER, MORÉRI, TALBERT, M. de PEYRONNET, M. VATOUT, même M. VILLEMAIN, qui ont pu se tromper sur le roi ou sur l'époque? M. Louandre, *qui semble croire* que l'ordre étoit encore en crédit quand Montaigne le reçut?.....

Les erreurs des biographes, du moment qu'elles sont reconnues, ne font plus partie de la biographie; ce long martyrologe étoit au moins inutile, et, ouvrier de la dernière heure, M. Grün est peu généreux d'attacher ainsi au pilori de son livre des hommes qui, avant lui, ont cherché la vérité, et qui la lui ont plus d'une fois fournie.

Trop souvent M. Grün *affirme*, à l'occasion de points encore contestables, et que, dans l'intérêt de la vérité, il faudroit laisser en suspens. Je donnerai quelques exemples.

M. Grün dit résolûment que le nom d'Eyquem est *essentiellement d'origine gasconne*. La chose peut être fondée, et je connois quinze personnes et trois localités qui, dans le Bordelois (1),

---

(1) Dix personnes de ce nom figurent sur l'almanach de Bordeaux.

ont porté le nom d'*Eyquem* ou d'*Yquem*; mais pourtant elle est contestée par des écrivains que peut-être M. Grün n'a pas consultés. Le *Journal encyclopédique* en 1773, le *Magasin encyclopédique* de Millin en 1797, le médecin *F. Grigny* (*État des villes de la Gaule-Belgique avant le* XIIe *siècle, avec des recherches étymologiques sur l'origine de leurs noms*), établissent que Eyquem est purement flamand ; à quoi Mercier Saint-Léger ajoute (notes manuscrites et inédites) : « Eyquem ou plutôt Eyc- « kem, d'où l'on a inféré que notre auteur étoit originaire d'An- « gleterre ou de Flandres ; de Flandres, à la bonne heure, le mot « Eckem étant purement flamand; l'Anglais auroit dit Oakham. »

Ecke en flamand, *eiche* en allemand, *oak* en anglais, signifient *chêne*; de même *hem*, *heim* et *ham* signifient *hameau* (*villa des Latins*) ; *eckhem* et *oakham* signifieroient donc le *Hameau du Chêne*. Des mémoires manuscrits sur le Parlement de Bordeaux, écrits dans le XVIIe siècle, prétendent qu'Eyquem est un mot écossois qui signifie *montagne*. La source réelle du nom est donc encore à chercher.

M. Grün prétend établir par des inductions que Montaigne a étudié le droit à Toulouse. — Je n'ai nulle objection à faire à cette opinion qui, il faut bien le reconnoître, ne repose sur aucune preuve. — Mais le passage des Essais que cite M. Grün ne prouve absolument rien. Montaigne dit : « Je vis en mon en- « fance un procès que Corras, conseiller de Toulouse, fit impri- « mer,... etc. » Il s'agit évidemment d'*Arnaud du Thil*, qui se fit passer pour *Martin Guerre*, et dont le procès, commencé en 1559, se termina d'une manière tragique pour l'accusé le 16 septembre 1560. Or Montaigne avoit alors vingt-sept ans et demi; il étoit déjà conseiller : donc ce renseignement n'a dans l'espèce aucune application, et M. Grün n'est guère rigoureux dans sa supputation quand, pour appuyer son argumentation, il dit que cette époque correspond à l'âge d'*étudiant*. Il est vrai que Montaigne dit : *dans mon enfance*; mais ce mot, sous sa plume, signifie *jeunesse*; il l'emploie pour l'époque à laquelle son père étoit maire : or, en 1554, Michel avoit vingt-et-un ans; pour l'époque où lui-même étoit conseiller ; pour le temps où il paya son tribut à l'amour, etc. Le passage allégué ne prouve pas même que Montaigne fût à Toulouse à l'époque du procès, et peut-être n'a-t-il voulu parler que de l'ouvrage de Corras sur cette affaire, et il a pu dire *je vis*, comme il auroit dit *je lus*, car à peu près dans ce temps il se trouvoit à la cour (livre I, ch. XLIII), et pour sûr, vers octobre 1559, il étoit à Bar-le-Duc avec le roi François II. L'ouvrage de Corras a paru en 1565, l'année du mariage de Montaigne.

Cette opinion est entièrement celle de M. Lapeyre, et l'érudit bibliothécaire de Périgueux n'a jusqu'ici rien découvert qui éclaire ce point de la vie de Montaigne ; seulement M. Leymarie, qui s'occupe d'une histoire du Périgord, croit se rappeler avoir lu quelque part que Montaigne avoit étudié le droit à Toulouse.

On ignore la date précise à laquelle Montaigne est entré en mairie. Nommé en 1581, ses fonctions ont-elles commencé la même année, ou seulement l'année suivante ? Je me suis antérieurement prononcé pour l'année 1582 ; mais depuis j'ai eu des doutes, et je pense que c'est jusqu'ici une question réservée. M. Grün adopte positivement l'entrée en 1581, et la sortie en 1585 ; il fournit des preuves dont quelques-unes sont spécieuses ; c'est d'ailleurs l'opinion de Bernadau, de M. d'Etcheverry et d'autres.

Toutefois, il reste quelques objections qui ne sont pas levées. Ainsi Darnal, après avoir parlé du siége de Sainte-Bazeille, en avril 1586, dit : « Le roi écrit à MM. les jurats.... Il trouve « bon que le maréchal de Matignon soit élu maire. » Cette note concorde avec le récit de Caillière, qui place à l'année 1586 la démarche faite par les habitants de Bordeaux près de M. de Matignon, pour le *supplier d'avoir agréable l'élection qu'ils avoient faite de sa personne pour la charge de maire de leur ville.* Ces démonstrations n'auroient eu, ce semble, aucun sens, si Matignon eût été en exercice depuis plusieurs mois. Darnal fournit encore une autre note qui semble prouver en faveur de 1586 : « En l'année 1585 *jusques en juillet* 1586, étant lieute-

« nant du roi M. le maréchal de Matignon, *maire de ladite ville*
« *M. de Montaigne...* » Enfin, je remarque qu'à la deuxième édition
des Essais, publiée en 1582, Montaigne s'intitule *maire et gouverneur* de Bordeaux, tandis qu'à l'édition de 1581 de la
Théologie naturelle (impression terminée en septembre), il ne
prend pas ce titre : est-ce parce qu'alors il n'exerçoit pas encore les fonctions ?

Je pense donc qu'il est préférable de regarder la question
comme susceptible encore de controverse, et d'attendre de nouveaux renseignements.

Je crois que le système de morcellement que M. Grün a fait
subir à la biographie de Montaigne a réagi sur lui-même et lui
a fait en plus d'un endroit apprécier inexactement le caractère
de son auteur.

Ainsi il semble douter de la véracité de Montaigne, lorsque
celui-ci affirme qu'il manque de mémoire ; il dit que ce philosophe *se flatte par coquetterie*. Mais pourtant les preuves surabondent. Montaigne, rendant compte à son père de la mort de
La Boëtie, déplore l'infidélité de sa mémoire qui lui a fait perdre des souvenirs qu'il auroit aimé à conserver. Suspectera-t-on
cette déclaration ? En dédiant à sa femme un opuscule de La
Boëtie, il parle de l'enfant qu'elle vient de perdre dans le
deuxième an de sa vie, quand il est certain qu'il devoit dire *le
deuxième mois*. Dans les *Éphémérides*, il se trompe sur l'année
de son départ pour l'Italie : il dit 1579 au lieu de 1580. D'après
les *Éphémérides*, il est certain que le père de Montaigne est
mort à soixante-douze ans ; et pourtant, aux Essais, il dit
soixante-quatorze ans. Au chapitre des Cannibales il se reproche
d'avoir oublié l'une des trois choses que lui avoit dites un des
sauvages présentés à Charles IX. Au chapitre XIX du livre II, il
affirme que « quand il a à tenir un propos de longue haleine, il
faut qu'il l'apprenne mot à mot, par cœur. Il a plusieurs fois
oublié *le mot* (le mot d'ordre), etc., etc. » Quel intérêt Montaigne trouvoit-il à *se vanter* ainsi ?

M. Grün connoît mieux les Essais qu'il ne connoît leur auteur. Il conteste que ce puisse être Montaigne qui ait fait écrire dans son cabinet de travail l'inscription latine que j'ai rapportée dans les Documents, et dans laquelle il prend avec lui-même l'engagement de se consacrer à la retraite et aux loisirs studieux. Mais M. Grün a transcrit lui-même un passage des Essais, qui donne la traduction de cette inscription : « Dernièrement « que je me retirai chez moi, délibéré autant que je le pourrois « ne me mêler d'autre chose que de passer en repos et à part « le peu qui me reste de vie (*libertati suæ tranquillitatique et* « *otio consecravit*). » M. Grün trouve qu'il y a quelque chose de *puérilement sentimental, qui n'est pas dans les habitudes de Montaigne*, dans le rapprochement de cette espèce de déclaration avec l'âge et le jour de la naissance ; nous venons de voir que l'engagement, Montaigne le répète dans les Essais ; quant à l'âge, Montaigne le consignoit partout avec une sorte de complaisance ; il le fait en vingt endroits des Essais ; il l'inscrivoit au *commencé* et à *l'achevé de lire* qu'il ajoutoit à ses livres ; et, contrairement à l'avis de M. Grün, je crois que ces subtilités de sentiment étoient tout à fait dans sa nature ; il aimoit à se servir du manteau de son père, non pour la commodité qu'il en retiroit, mais *parce qu'il lui sembloit s'envelopper de lui* : la *Théologie naturelle* est datée du jour même de la mort de son père, à qui il la dédie ; tout cela est donc *puérilement sentimental?*

Au sujet de l'élection à la mairie de Bordeaux et des difficultés que fit Montaigne pour accepter, M. Grün cite cette phrase des Essais : « Alexandre dédaigna les ambassadeurs corinthiens « qui lui offroient la bourgeoisie de leur ville ; mais quand ils « vinrent à lui déduire comme Bacchus et Hercule étoient aussi « en ce registre, il les en remercia gracieusement. » M. Grün veut voir là une preuve de plus, il n'en manque pas, de la vanité de Montaigne ; tandis qu'en bonne justice on y trouveroit plutôt la preuve que Montaigne apprécioit plus que personne la distance qui le séparoit de MM. de Biron et de Matignon ; et M. Grün, à cette occasion, écrit cette phrase qui a eu un grand retentissement et qu'on a reproduite à plaisir : « MM. de Biron

« et de Matignon comparés à des demi-dieux, c'est quelque
« chose ; Montaigne comparé par lui-même à Alexandre, c'est
« beaucoup ; on peut même, *si on n'est pas Gascon,* trouver
« que c'est trop. » Comme si, remarque très judicieusement
M. Delpit, tous ceux qui répètent qu'ils aimeroient mieux être
premiers dans un village que seconds dans Rome se croient des
César ! A mon sens, l'Académie de Bordeaux a donné à M. Grün,
aiguisant ses épigrammes contre les Gascons dans un moment
où il aspiroit à le devenir, une leçon de tact en lui accordant le
titre de correspondant qu'il a depuis sollicité.

Il en est de même pour les lettres de bourgeoisie romaine !
Et M. Grün croit avoir fait une découverte (1) parce qu'il
oppose la phrase des Essais où il fait dire à Montaigne que
la bulle *lui fut offerte,* et celle du voyage, où ce dernier
dit que, pour l'obtenir, il employa *ses cinq sens de nature.*
Remarquons d'abord que c'est Montaigne qui fournit les deux
renseignements, et que cela atténueroit la gravité de ce que
M. Grün juge à propos d'appeler *un mensonge historique* ;
mais je nie que Montaigne ait dit que la bourgeoisie romaine
lui ait été offerte. Il écrit dans les Essais que la fortune lui
a fait quelques faveurs *venteuses, honoraires et titulaires,
sans substance,* et les lui a non pas accordées, mais offertes. Eh
bien ! il pensoit probablement à la charge de gentilhomme du
roi de France, au même titre qui lui fut conféré « sans son sçu
et lui absent » par le roi de Navarre, à la décoration de Saint-
Michel qu'il paroît avoir reçue de la même manière et sans la
désirer alors, à la nomination de maire de Bordeaux qu'il a d'a-
bord refusée ; puis, après quelques phrases, il reprend : « Parmi
ses faveurs *vaines* (de la fortune), je n'en ai point qui plaise tant
à cette niaise humeur qu'une bulle de bourgeoisie romaine. »
De sorte qu'il semble classer les faveurs qu'il a reçues, et il
place la bulle romaine parmi les *vaines.*

---

(1) M. Leclerc avoit déjà rapproché la phrase du Voyage de celle des Essais.

Je pense que M. Grün auroit senti cela s'il n'avoit pas eu le parti pris de voir partout la vanité de Montaigne ; et s'il n'avoit pas été séduit par l'idée d'un aperçu nouveau, il auroit trouvé le secret des difficultés que Montaigne eut à surmonter. Les *Essais étoient à l'index*, et on peut dire que ces deux faits, l'index pour l'ouvrage et la bourgeoisie pour l'auteur, *hurloient de se trouver ensemble*. De telle sorte, qu'à tout prendre, il n'y auroit encore rien de surprenant que les personnes qui apprécioient Montaigne lui eussent offert la bourgeoisie, et que la raison d'État eût seule suscité des difficultés.

Nous trouvons un nouvel exemple de ce *parti pris* sur la vanité de Montaigne dans l'interprétation que M. Grün donne à cette partie des Essais où Montaigne, se reprochant ses fréquents déplacements, suppose qu'on lui fait cette observation : « Votre « maison est-elle pas suffisamment fournie ?... La majesté royale « y a logé plus d'une fois en sa pompe ! » A cette occasion, M. Grün subtilise pour établir d'abord que c'est la maison, que ce n'est peut-être pas Michel Montaigne qui a reçu une royauté ; puis il pèse les pompes et discute les royautés ; il mesure la distance qui sépare la cour de France de celle de Navarre, et Catherine de Médicis de Jeanne d'Albret. Il oublie que Marguerite a dit : « Notre cour étoit si belle et si plaisante que nous n'a- « vions rien à envier à la cour de France. » Il se décide pour le roi de Navarre, probablement parce qu'il est moins grand seigneur que le roi de France ; mais il a soin de faire remarquer que l'entourage du prince n'étoit pas brillant, que sa cour se composoit de quelques gentilshommes toujours à cheval avec lui ; tout cela pour amener ce trait railleur qu'une hospitalité accordée dans de telles conditions « *étoit plus honorable qu'oné-* « *reuse !* » Le hasard a d'étranges ironies ! Alors que M. Grün publioit ces lignes, je faisois imprimer quelques notes autographes de Montaigne, où, en moins d'une feuille, notre auteur inflige à son biographe quelques bons démentis ! Montaigne rend compte de la visite que, le 19 décembre 1584, le roi de Navarre lui a faite (note 29 des *Éphémérides*). Il cite nominativement

« quarante-quatre des personnes qui accompagnoient le prince,
« les plus grands noms de la contrée! le prince de Condé,
« MM. de Lesdiguières, de Poix, de Lusignan, etc. ; il dit qu'en-
« viron autant allèrent coucher au village (soient donc quatre-
« vingt-huit maîtres), outre les valets de chambre, pages et
« soldats de la garde du roi. » Sans aucun doute, plusieurs de
ces visiteurs avoient plus d'un suivant, à quoi il faut ajouter
les gardes; de telle sorte que, sans rien exagérer, on peut
compter deux à trois cents personnes au moins. Mais ce n'est
pas tout : cette troupe étoit à cheval ; elle avoit avec elle des
équipages de chasse, puisque « au partir de céans Montaigne fit
« élancer un cerf en sa forêt, lequel promena le roi deux
« jours. »

Tout cela, ce me semble, est quelque peu princier. Nous sommes
loin du petit nombre de cavaliers de M. Grün; plus d'un roi de
France a été reçu avec moins d'éclat, et pour un gentilhomme
de *six mille francs de rente*, qui se vantoit de n'avoir accepté
d'aucun roi un double en paiement ou en don, une telle hospitalité me paroît au moins aussi *onéreuse qu'honorable*. Montaigne même pourroit être soupçonné d'en avoir jugé ainsi; car,
dans une lettre aux jurats de Bordeaux, du 10 décembre 1584
(neuf jours avant la visite), il dit, en homme qui sentoit la lour-
deur de la charge : « *Toute cette cour de Sainte-Foy est sur
« mes bras*, et se sont assignés à me venir voir. » Et en effet,
du 9 au 11, le roi de Navarre étoit à Sainte-Foy.

Je profite de l'occasion pour rectifier ce que j'ai antérieurement imprimé sur le lieu de cette chasse, et ce que M. Grün
reproduit. J'ai dit, sur des renseignements inexacts, que la forêt se nommoit *Bois du Cours*, et qu'elle étoit vers le château
de *Guiron*. On me fait remarquer qu'il n'existe pas de château
de Guiron, et que c'est nécessairement Gurçon qu'il faut dire.
Quant à la forêt, il se peut que son nom ait varié, mais elle
porte aujourd'hui celui de Saint-Claud ou de Bretanord ; Montaigne en payoit la rente et rendoit hommage à l'archevêque de
Bordeaux, comme pour la terre de Belveyron et autres. (Com-

munication de M. de Cazenave, descendant de Mattecoulon, frère de Montaigne.)

M. Grün me paroît s'abuser encore sur le caractère qu'il prête à son *Montaigne magistrat* : il le représente comme « un peu « dépaysé dans sa compagnie, évitant de jouer un rôle person- « nel, calme au milieu des passions de ses collègues, gardant « fréquemment le silence, et peu porté à se jeter dans les luttes « ardentes, etc. »

Quelques notes des registres du Parlement contredisent cette appréciation, et j'en citerai deux pour montrer que Montaigne avoit l'esprit de corps, et qu'à l'occasion il étoit *mauvaise tête*.

Le Parlement avoit vu avec déplaisir la réunion de la Cour des Aides; il s'y étoit opposé autant qu'il avoit été en lui. Le fait étant consommé, la Cour s'étoit rabattue sur les détails ; elle avoit refusé la publication des lettres patentes ; elle cherchoit à maintenir les nouveaux conseillers dans une position inférieure, malgré l'édit qui prescrivoit que les deux Cours ne fissent dorénavant *qu'un même corps et collége.*

La Cour, par arrêt du 14 janvier 1557 (vieux style), avoit décidé que les conseillers des requêtes (anciens de la Cour des Aides) ne viendroient pas d'eux-mêmes aux assemblées des Chambres, mais qu'ils attendroient qu'ils en eussent la permission de la Cour, qu'ils feroient demander. — Le 19 suivant, les président et conseillers ci-dessus désignés, entre lesquels se trouve Michel Eyquem de Montaigne, viennent sans être appelés, et représentent leur droit d'assister aux Chambres assemblées. La Cour leur enjoint de sortir ; ils refusent, contestation à ce sujet, et le droit ne fut accordé qu'après plusieurs mois (1557).

Mon second exemple a trait à une discussion relative à M. Descars, que M. Grün rapporte, mais son récit s'arrête au moment où Montaigne apparoît. M. Descars, lieutenant du roi en Guyenne, ami de Montaigne et de La Boëtie, avoit eu des difficultés avec le premier président au sujet de quelques prérogatives. Il demandoit que le président fût récusé dans les causes où lui, Descars, intervenoit. Le président, à son tour, dit que, pour juger cette question de récusation, au moins les conseillers, qui sont les familiers et les commensaux de M. Descars, devroient se récuser eux-mêmes. La Cour répond à cette attaque en sommant son président de nommer les membres auxquels il fait allusion. Le président nomme onze conseillers, dont l'archevêque, G. de La Chassaigne, Michel Eyquem de Montaigne. (M. Grün s'arrête ici, en faisant connoître la décision qui intervient.)

Mes notes vont plus loin, et j'y vois : « Quand ce vint le tour « de Michel de Montaigne à parler, il s'exprima avec toute la « vivacité de son caractère, et dit qu'il n'y avoit lieu qu'ils sor- « tissent, et que le premier président n'étoit recevable de pro- « poser de récuser aucun par forme de remontrance ou autre- « ment, lorsque lui-même étoit récusé ; puis il sortit en disant « *qu'il nommoit toute la Cour*. Il est rappelé. La Cour lui or- « donne de dire ce qu'il entend par ces mots, *qu'il nommoit* « *toute la Cour*; sur quoi ledit Eyquem a dit qu'il n'avoit au- « cune affection en la présente matière ni inimitié aucune con- « tre le premier président, ains sont amis et l'a été ledit pre- « mier président de tous ceux de la maison dudit Eyquem ; mais « voyant l'ouverture mauvaise que l'on faisoit à la justice, que « *jacta erat alea*, et que l'on recevoit les accusés contre les ar- » rêts de la Cour, à récuser d'autres juges qui n'y avoient nul « intérêt non plus que lui; il avoit dit que si cela étoit permis, il « pourroit aussi récuser toute la Cour, mais n'entendoit pour « cela nommer aucun, et se départoit de son dire en ce qu'il « avoit nommé toute la Cour. »

Puis intervient la décision, mais mes notes contredisent M. Grün qui semble croire que le président seul est récusé; elles portent que la Cour ordonne qu'en l'absence du président *et des conseillers nommés par ledit premier président*, sera procédé au jugement des récusations présentées par M. Descars.

M. Grün s'est bien autrement mépris sur Montaigne à l'occasion du dernier acte de sa mairie, et la gravité de l'accusation m'oblige à entrer dans quelques détails.

Au 22 mai 1585 Montaigne est à Bordeaux, il écrit au maréchal de Matignon la longue et belle lettre que M. de Vieil-Castel m'a mis à même de publier ; dans les premiers jours de juin il se rend près du roi de Navarre, puis il quitte Bordeaux et nous ne retrouvons plus de renseignements que dans des lettres, dont une, du 30 juillet 1585, donne à penser que les jurats avoient invité Montaigne à entrer dans la ville, ravagée alors par une cruelle épidémie, pour assister aux élections qui se faisoient à cette époque. M. Grün appréciant la réponse de Montaigne y voit la preuve qu'il refuse de se rendre à la prière des jurats, que le soin de sa conservation le fait reculer devant son devoir : *le courage lui manqua*, dit M. Grün, et là-dessus il rappelle le dévouement de Belzunce à Marseille, de Rotrou à Dreux, de Montausier en Normandie, dans des circonstances analogues.

M. Grün fait même bruyamment ressortir le courage de Matignon, qui étoit à cette époque à Bordeaux, et il ne s'aperçoit pas que son indignation retombe de tout son poids sur le célèbre maréchal qui, bien que maire *nouvellement élu et en pleine activité*, quitta la ville peu de jours après le moment où Montaigne hésitoit à y entrer. M. Grün ne trouve pas suffisante cette accusation sur le fond, il incrimine même la forme et fait remarquer, en soulignant, que Montaigne termine sa lettre en souhaitant à ses frères *longue et heureuse vie !* comme si cette formule n'étoit pas alors habituelle, inévitable et partant sans conséquence ; et si Montaigne avoit eu la finesse de voir dans ce protocole *l'ironie cruelle* que M. Grün veut y trouver, et l'avoit supprimée, M. Grün n'auroit pas manqué d'en faire encore la remarque.

Cette opinion de M. Grün a fait un chemin rapide, tant la nouveauté exerce de séduction ! Tous les comptes-rendus flétrissent la lâche conduite de Montaigne, *lamentable défaillance* qui, d'après un critique, *donne la clef des imperfections des Essais, et explique pourquoi les Bordelais n'ont pas encore élevé de statue à ce philosophe !* La phrase consacrée est, que c'est là une *page qu'on voudroit pouvoir arracher*.... Il eût été plus juste et plus court de ne pas l'écrire !

Quelques paroles d'indulgence, dont M. Grün fait aumône à Montaigne, m'autorisent à penser qu'il regrettera le triste triomphe qu'il a obtenu.

Examinons pourtant ! D'abord, Montaigne n'étoit pas frappé de terreur par l'épidémie : « L'appréhension ne le presse « guère (1)... et c'est une mort qui ne lui semble des pires. » D'un autre côté il reconnoit qu'il est peu *sujet aux maladies populaires*. Mais apprécions sa position personnelle : il étoit déjà malade, son château avoit été pillé *jusqu'à l'espérance* (les provisions pour de longues années), une peste *véhémente au prix de toute autre* sévissoit dans la contrée, sans doute ce fut le devoir de chef de famille qui le décida à quitter Bordeaux. Il abandonna sa maison, se mit à la tête d'une troupe qui comprenoit sa vieille mère (2), sa femme, sa jeune fille, ses serviteurs ; il erra pendant plusieurs mois, et déjà il se demandoit à qui il confieroit la vieillesse triste et nécessiteuse qu'il prévoyoit ; c'est dans cette extrémité que Montaigne reçoit la lettre des jurats de Bordeaux, lettre dont nous ne connaissons pas la teneur, qui pouvoit très bien n'être qu'une simple formalité, une déférence hiérarchique. Montaigne, homme pratique, constate l'inutilité de sa présence à cette élection ; il tient compte, je le reconnois, de l'état sanitaire de la ville, mais refuse-t-il d'entrer à Bordeaux ? Il dit aux jurats : *Je vous laisserai à juger du service que je vous puis faire par ma présence à la prochaine élection, avant que je me hazarde d'aller en la ville ;* il a donc rendu les jurats juges en ce cas, et de ce

---

(1) Il étoit assez calme au milieu de ces désastres, pour écrire en ce moment même le chapitre xii du IIIe livre ! N'oublions pas, d'ailleurs, que Montaigne, invité par son ami, mourant d'une maladie contagieuse, à n'être près de lui que *par bouffées*, nous dit : *De ce moment, je ne l'abandonnai plus.*

(2) Si Antoinette de Louppes avoit 20 ans lors de son mariage, elle en avoit alors 77 ; Éléonore avoit 12 à 13 ans.

moment ou pourroit dire que s'il n'est pas entré à Bordeaux, c'est que les jurats n'ont pas été de cet avis. — Il annonçoit qu'il se rendroit à Feuillas (tout près de la ville) (3), et une lettre du lendemain, 31 juillet, montre qu'il a tenu parole.

Il faut d'ailleurs se reporter à ce qu'étoit une mairie au XVIe siècle; un maire n'étoit pas alors ce que nous connoissons au XIXe siècle : il donnoit l'impulsion, la direction, son esprit agissoit alors que la personne étoit absente, et la preuve, c'est que, pendant sa mairie, Montaigne est envoyé à la Cour. Il avoit été nommé maire pendant son voyage ; s'il est entré en 1581, l'administration a marché sans lui pendant plusieurs mois ; en 1584 il passe une partie de l'année à son château, il y reçoit le roi de Navarre ; à son tour, le maréchal de Matignon est absent de Bordeaux pendant une grande partie de sa mairie ; en décembre 1585 il est à Villebois, en août 1586 aux environs de Libourne, en 1587 à Coutras, en 1588 à Montauban, Nérac, Domme, en 1589 à Agen.

Un ancien maire, M. de Lansac étoit, au dire de Darnal : « bien à la cour, *d'où il ne bougeoit guère.* » Il s'occupoit si peu de sa charge qu'à la fin de 1568 la jurade envoie vers lui à Bourg pour le semondre de la remplir. En 1569, M. le maire ne pouvant *ou ne voulant* assister à l'élection passe procuration,... etc. M. Grün lui-même reconnoît que les jurats, sans le maire, approuvent les statuts qui réglementent diverses industries ; donc le courant habituel des affaires n'exigeoit nullement la présence de ce fonctionnaire, nécessaire seulement dans les grandes solennités et dans les moments de trouble.

Il ressort de tout ce qui précède, que d'abord Montaigne n'a pas absolument refusé d'entrer à Bordeaux ; que, sans crainte pour lui, mais inquiet pour les siens, il a pesé l'utilité dont il étoit à sa famille, et l'inutilité absolue de sa présence à l'élec-

---

(3) M. d'Etcheverry pense que ce Feuillas est le château situé près de Cypressat, côte de Cenon, en face de Bordeaux, sur la rive droite de la Garonne. Si Montaigne étoit là on peut dire qu'il étoit à Bordeaux, et ses fonctions ne souffraient point de ce qu'il n'habitoit pas l'intérieur de la ville.

tion; il raisonnoit ses affections, il pouvoit bien raisonner son dévouement ; esclave du devoir, il ne visoit pas à l'héroïsme : il veut bien *que Montaigne s'engouffre quant et la ruine publique, si besoin est, mais s'il n'est pas besoin, il sait bon gré à la fortune qu'il se sauve.* Et puis il faut remarquer les dates. Les deux lettres sont du 30 et du 31 juillet ; or, si Montaigne n'étoit plus maire le 1ᵉʳ août, il faut convenir qu'il ne l'étoit guère la veille, il n'y a donc aucune similitude entre Montaigne et les hommes qu'on lui oppose ; Christophe de Thou, Belzunce, Rotrou, exerçoient des fonctions permanentes ; ils étoient en pleine activité ; Montaigne, au contraire, quittoit les fonctions publiques, et les obligations du chef de famille apparaissoient d'autant plus impérieuses. C'est un exemple, entre tant d'autres, de l'inconvénient immense qui résulte de ce fractionnement que M. Grün fait subir à la vie de Montaigne, et s'il fait jamais Montaigne *chef de famille*, il pourra lui reprocher d'avoir accepté des fonctions publiques qui satisfaisoient sa vanité et l'empêchoient de remplir ses devoirs d'époux et de père (1).

Cette fausse appréciation a fait des prosélytes. (Ici il ne s'agit plus de M. Grün.) Pour mieux faire ressortir la faute de Montaigne on a été jusqu'à citer nos épidémies modernes, et les dévouements qu'elles ont fait naître. Un médaillé du choléra ou un membre de commission d'hygiène n'auroit pas mieux dit ! En 1585, la population de Bordeaux, d'après M. d'Étcheverry, n'atteignoit pas 40 mille habitants (2), mais l'émigration avoit énormément réduit ce nombre, puisqu'au dire de Matignon il ne restoit dans la ville *personne qui eût moyen de vivre ailleurs.* Ce n'est donc pas trop que d'estimer cette diminution à un

---

(1) M. Grün cite des exemples à la *charge* de Montaigne, il auroit dû en citer à *décharge.* En 1563, Charles IX quitta Lyon parce que la peste y régnoit ; en 1580, la peste ravageoit Paris ; Loisel, qui s'y trouvoit, en partit et se retira à Pontoise, etc.

(2) Un siècle plus tard, en 1697, la population de Bordeaux est portée à 42 ou 43 mille âmes dans les Mémoires de M. Bazin de Bezons, intendant de Guyenne. (M. Lapeyre.)

quart ou un tiers; or, il est mort en quelques mois 14 mille personnes, par conséquent la moitié, ou plus, de la population ! D'après les registres du Parlement, il seroit mort dix-huit mille personnes ! Bordeaux n'étoit donc plus une ville, c'étoit un vaste hôpital où la mort prélevoit une victime sur deux mourants, et pour accuser Montaigne, on vient comparer une mortalité de 500 pour mille avec celle de Paris en 1832 ou 1849! 20 pour mille ! en d'autres termes, Bordeaux avec moins de 40 mille âmes fournit alors autant de victimes que Paris avec son million. Voilà ce que c'est qu'une épidémie au XVIᵉ siècle. En pareil cas on fermoit le collége, le Parlement quittoit la ville, et je trouve dans la première moitié du XVIᵉ siècle douze mentions de déplacement de ce corps hors de Bordeaux et plusieurs fois il avait changé de résidence dans l'intérieur.

Il est juste encore de remarquer que la lettre incriminée correspond à la plus grande intensité de l'épidémie, et aussi que le foyer principal touchoit l'habitation de Montaigne, puisqu'il étoit dans les environs de l'archevêché. Je ne puis même me dispenser de faire ressortir la noble franchise de Montaigne qui n'auroit certes pas manqué de prétextes pour motiver son absence, s'il n'avoit dédaigné de recourir à des subterfuges.

Pour achever d'apprécier, à leur valeur, ces accusations posthumes, examinons-les d'un point de vue plus élevé, consultons les témoignages contemporains. Cet homme qui, dans la lettre même qui constate sa lâcheté, a l'impudence de dire qu'il ne *ménagera ni sa vie ni autre chose*, sera stigmatisé de tous ses concitoyens, chacun aura le droit de lui dire : *Caïn qu'as-tu fait de ton frère?* Les passions alors étoient ardentes, parfois peu scrupuleuses. Nous devons à M. Grün de connoître une protestation dirigée contre la réélection de Montaigne. Je possède une pièce originale signée du maréchal de Matignon dans laquelle le brave et loyal serviteur descend à se justifier auprès du roi contre le libelle diffamatoire d'un nommé Martin, chanoine de Saint-Seurin et député aux États de Blois. Les catholiques fervents taxoient hautement la prudence de Burie de connivence avec les protestants. Merville, frère de Descars et gouverneur du château du Hâ, est accusé de trahison dans le Parlement, le 3 janvier 1575, etc. Existe-t-il quelque témoignage de l'indignation publique au sujet de la prétendue lâcheté de Montaigne? Dans ces tristes temps de troubles et de guerres civiles le maréchal juge nécessaire de s'entourer d'hommes de sens et d'expérience : bien famés, je suppose ; Montaigne est un de ceux qui composent ce conseil privé. Hors de Bordeaux, nous ne voyons pas que Montaigne soit montré au doigt ; il vient à Paris, paroît à la Cour, la reine s'empresse de le faire sortir de la Bastille, il va aux États de Blois où ses amis, de Thou, Pasquier, ne semblent pas rougir de lui ! Tout cela est bien tolérant pour un siècle qui l'étoit si peu. Quelques beaux esprits du XVIIe siècle inventent des accusations, disent que Montaigne rougissoit d'avoir été conseiller, etc. Scaliger lui jette à la tête les harengs de son grand-père, comment se fait-il qu'on ait négligé la bonne fortune que M. Grün a découverte?

Concluons sur ce point en disant que les précautions dont Montaigne a usé pour lui étoient de droit commun, qu'elles étoient dans les usages, qu'elles n'ont porté préjudice à personne, et que s'il a renoncé, par prudence, à exercer une dernière fois un simulacre d'autorité, rien n'autorise à penser qu'il auroit refusé son intervention s'il se fût agi d'une mesure d'utilité publique.

M. Grün a voulu que Montaigne n'eût rien à envier à La Boëtie. L'un, au dire de certaines personnes, avoit une page honteuse dans la *Servitude volontaire* ; Montaigne, à son tour, auroit un acte honteux dans sa biographie ! J'ose espérer que M. Grün se trouvera seul de son avis, si déjà il n'en a changé.

M. Grün semble se complaire à étaler les fautes de ses devanciers, il est impitoyable ! Son livre est par-dessus tout l'inventaire des erreurs des biographes de Montaigne ; il les lapide, et pourtant lui-même n'est pas sans péché !

Il y a plus, c'est que parfois, dans sa bonne volonté, M. Grün voit des erreurs où il n'y en a pas. Je ne le suivrai pas sur ce terrain ; je me contenterai de quelques exemples, et j'en citerai où l'amour de la controverse l'a engagé à discuter des choses qui ne comportoient pas ou ne méritoient pas de discussion.

M. Grün ne manque pas de faire remarquer que je me suis trompé sur la remontrance dédiée par Loisel à Montaigne ; c'est la seconde et non la troisième, et l'erreur a tenu à ce que, par une disposition bizarre, les dédicaces se trouvent à la fin de la pièce à laquelle elles se rapportent, quelquefois même au verso du faux titre de celle qui suit. Mon erreur m'a été montrée par un fait plus probant encore que les raisons de M. Grün. Les deux premières remontrances (d'autres peut-être sont dans le même cas) ont été imprimées isolément ; la troisième ne s'y trouve pas, et la dédicace à Montaigne y figure.

M. Grün, s'occupant de l'entrée de Montaigne dans la Cour des Aides de Périgueux, dit : « M. Payen mentionne comme « certain le fait de la succession de Montaigne à son père, *je ne* « *le regarde que comme vraisemblable.* » Il ajoute : « *L'âge de* « *vingt-deux ans est ici complétement indifférent.* » Je soutiens la transmission directe parce qu'il est dit partout, dans La Roche Flavin entre autres, que les transmissions d'offices étoient favorisées des pères aux enfants et des oncles aux neveux. Je soutiens l'âge de vingt-deux ans, parce que La Boëtie, nommé conseiller, en 1552, avant d'avoir cet âge, *est dispensé de remplir son office*, et que quelques mois après qu'il a atteint ses vingt-deux ans, *il est admis à le remplir*. Le roi accordoit des dispenses d'âge ; il y avoit probablement une limite au-dessous de laquelle on ne descendoit pas ; M. Grün la connoît-il ? Et ce qu'il faut noter, c'est que ces dispenses d'âge étoient accordées pour *le Parlement de Bordeaux* et non pour celui de Toulouse. Enfin, dans le moment où je vois le père céder la place à son fils, Pierre venoit d'être nommé maire de Bordeaux. Je ne sais s'il y avoit incompatibilité de droit, mais elle existoit de fait, surtout pour des fonctions relatives à deux provinces différentes. D'après Darnal, la qualité de jurat et celle de conseiller étoient incompatibles : Lachèze, en entrant au Parlement, dut abandonner la jurade, et ce fut tout exceptionnellement que

Caudeley fut à la fois conseiller et jurat. M. Grün emploie souvent des inductions moins probables que celle-là.

M. Grün s'occupe de l'époque à laquelle Montaigne est sorti du Parlement, et ici encore il a recours à ce que j'ai appelé la *mise en scène*, car il sait une date à peu près incontestable, et pourtant il discute l'année 1567, puis 1568, puis il étudie l'année 1571, et il finit par accepter la date de 1570 qui m'a été donnée d'après des notes extraites de *Mémoires sur le Parlement de Bordeaux*, écrits dans le XVIIe siècle, date confirmée par cette note des registres du Parlement : « Le 24 juin 1570, le roi accepta la « résignation de l'office de conseiller au Parlement faite par Mi« chel de Montaigne en faveur de Florimond de Rœmond. » Ce point paroîtroit donc irrévocablement décidé.

Cependant j'ai quelques renseignements contradictoires que je veux faire connoître. Dans un acte relatif au patronage de la cure de La Hontan, où par une erreur sans conséquence Montaigne est appelé *Micheau Eyquem, seigneur de* LA MONTAIGNE, il est qualifié conseiller au Parlement de Bordeaux, et cependant la pièce est datée de 1572. On pourroit croire que la requête a été présentée en 1570, et lorsque Montaigne étoit encore conseiller ; mais cet acte donne la date de l'évocation, et c'est 1571; Montaigne y prend la qualité de *conseiller*, et ce qui semble décisif, c'est que l'évocation du Parlement de Bordeaux et le renvoi devant le Parlement de Toulouse sont fondés sur ce que « *ledit Eyquem est conseiller* (en la Cour du Parle« ment de Bordeaux). » Il faudroit, pour appuyer l'année 1570, avoir la date précise et authentique de l'entrée au Parlement pour Florimond de Rœmond ; les registres cités ci-dessus donnent 1570, et plusieurs biographies répètent cette date ; mais par une coïncidence singulière, M. Weiss (*Biogr. univ.*) dit que Rœmond n'est entré qu'en 1572. D'un autre côté, je n'ai pas retrouvé dans les registres le nom de Rœmond avant cette dernière année où je vois qu'un sieur de Rémond demande l'exhumation d'une fille de la Religion qu'on avoit enterrée dans le cimetière des catholiques. (Voyez *Plaintes des*

Églises réformées au roi, 1597, *la Confession de Sanci,* etc.)

Il faut donc faire quelques réserves pour l'époque à laquelle Montaigne a quitté le Parlement.

M. Grün dit que Pierre Montaigne, à son retour de l'armée, fut élu jurat, et il ajoute : *non jurat et prévôt,* comme le dit M. Payen ; à quoi je réponds, *jurat et prévôt,* quoi que dise M. Grün ; Darnal est positif sur ce point : « Le jour de saint « Jammes furent élus jurats.... (suivent douze noms parmi les- « quels Pierre Eyquem, seigneur de Montaigne, et Henry de « Laurensanes), » puis il continue : « LEDIT Laurensanes fut soubs « maire et LEDIT Eyquem de Montaigne prévôt. » M. Grün prétendroit-il que ces fonctions étoient incompatibles ? mais l'histoire est pleine de *jurats et prévôts;* Jean Gimel, qui figure dans un acte dont je parlerai, étoit jurat et prévôt.

J'ai lu avec un profond regret la note de la page 7, et j'ai le droit de m'en émouvoir, puisque c'est à mon intention que la *grande famille,* à laquelle M. Grün reproche de *tenir la lumière sous le boisseau,* a bien voulu faire dans ses archives les recherches par suite desquelles elle a découvert plusieurs lettres de Montaigne. Une famille, quel que soit le rang qu'elle occupe, est libre apparemment de disposer des pièces qui concernent ses ancêtres ; d'ailleurs il n'est pas exact de dire qu'on ne communique pas, puisque j'ai vu, et d'autres avec moi, ont vu les pièces en question ; il est tout à fait inexact de dire qu'on s'oppose à la publication, puisque j'ai déjà publié une des lettres, et le refus fait à M. Grün de lui donner la communication qu'il demandoit ne l'autorisoit point à parler comme il l'a fait.

M. Grün aime la controverse, il le prouve à l'occasion des sauvages que Montaigne dit avoir vus à Rouen pendant que le roi Charles IX s'y trouvoit. Charles IX n'est venu à Rouen qu'en 1562 et en 1563 ; or, à cette dernière date, Montaigne étoit près de son ami mourant ; il semble donc naturel de s'arrêter à 1562, puisqu'à cette époque on peut trouver réunis Charles IX, Montaigne et les sauvages ; le fait d'ailleurs n'étoit pas tellement important qu'il méritât une longue discussion.

M. Grün n'accepte pas aussi facilement cette probabilité; il regarde la présence des sauvages comme une preuve qu'il y avoit des fêtes lorsqu'ils furent présentés, et il nie qu'il ait pu y avoir des fêtes en 1562 à Rouen, où Charles IX entroit en vainqueur et par la brèche. Il admet les fêtes comme certaines en 1563 pour la déclaration de la majorité ; mais alors Montaigne étoit en Guyenne, et le 18 août 1563, le lendemain de la cérémonie, il fermoit les yeux à son ami. M. Grün résume ses observations en disant : « En 1562 il est douteux que « Montaigne fût à Rouen, *et il est certain qu'il n'y eut pas de* « *fêtes.* (Rien n'est moins certain, et à la cour de Charles IX, « comme de nos jours, on savoit danser sur un volcan). En 1563 « il est certain qu'il y eut des fêtes, mais il est certain que Mon- « taigne n'y assista pas. » Et alors M. Grün suppose que Montaigne a pu se tromper, et il se demande si ce ne seroit pas en 1550 ; mais alors c'étoit Henri II qui régnoit ! Enfin il regarde comme plus probable que ce fut à Bordeaux, quand la cour y vint en 1565, et il ajoute : Montaigne avoit alors trente-deux ans, *âge des pensées mûres* (1)*!*

Tâchons donc de sortir de ce dédale. La cour, en 1562, habita Rouen pendant un assez court délai. A partir du 28 octobre, où étoit Montaigne?

M. Grün dit que les registres du Parlement constatent sa présence en novembre de cette année. Je crois que M. Grün est mal renseigné. J'ai vu une note des registres, celle peut-être à laquelle il fait allusion; elle renferme des contradictions, mais on y lit ces mots : « Le 13 novembre 1562 NE SE trouve « présent à la formation des chambres Michel Eyquem de Mon- « taigne. » Et cela n'empêche pas son nom de figurer comme dixième conseiller de la chambre des enquêtes. Ce qui confirme cette absence en novembre, ce sont deux renseignements qui

---

(1) M. Grün remarque que M. Louandre se trompe sur l'année où Charles IX est déclaré majeur; il dit 1560 au lieu de 1563; mais lui-même fixe la cérémonie au 16 août, et on voit partout qu'elle eut lieu le 17.

montrent qu'un peu avant et un peu après cette époque, Montaigne étoit absent de Bordeaux.

Une note fort importante dont j'userai ailleurs et dans un autre but, et qui m'a été communiquée par l'érudit M. Dessalles, apprend que « Michel de Montaigne, conseiller au Par-
« lement de Bordeaux, vint faire la révérence à la Cour de
« Parlement de Paris, et fit profession de foi comme les autres
« pour avoir voix délibérative à l'audience de la Cour, où il
« assista le 12 juin 1562. »

D'un autre côté, le 1er décembre 1562, la Cour de Bordeaux avoit imposé ses membres pour la subvention des pauvres, et Montaigne *absent* ne s'étoit pas acquitté. Le 4 février 1562 (vieux style, par conséquent 1563) il étoit encore absent, et il fut ordonné par la Cour à Me Nicolas Bresson, commis du payeur de la Cour, de fournir et avancer sur les gages de Montaigne et de quelques autres les sommes auxquelles ils ont été taxés et cotisés pour les mois de décembre, janvier, février et mars et autres subséquents, jusqu'à ce qu'ils soient de retour et qu'eux-mêmes puissent y satisfaire.

Ainsi donc Montaigne est à Paris en juin 1562, il est absent de Bordeaux de décembre 1562 à février 1563 au moins, il est à peu près certain qu'il l'étoit aussi au commencement de novembre, il est donc tout naturel d'admettre que c'est en 1562 qu'étant à Rouen, en novembre avec le roi Charles IX, il a vu des sauvages et a conversé avec eux.

M. Grün trouve peu probable que Montaigne ait pris part au siége de la Fère, *puisqu'il entreprenoit un voyage de santé* ; toujours des interprétations au lieu de faits! La note 23 des *Éphémérides* répond à ce doute; Montaigne y dit : « *moi étant*
« *audit siége.* »

M. Grün me paroît *arranger* et paraphraser en les résumant la remontrance prononcée par Loisel à l'ouverture de la chambre de l'édit et la dédicace à M. de Harlay, et les détails qu'il fait suivre sont contredits par les notes que j'ai extraites des registres. — Ainsi il écrit, page 249 : « Dans un temps de

« partis il y a de l'audace à parler de modération, de paix et
« de légalité : la remontrance de l'avocat général qui avoit eu
« cette hardiesse fit bruit à la cour. Le premier président du
« Parlement de Paris, M. de Harlay, voulut savoir à quoi s'en
« tenir, et il requit Loisel de lui envoyer son discours. »
D'abord le sens du discours de Loisel n'est pas tel que dit
M. Grün ; l'avocat général fait l'éloge de Bordeaux et déplore
les désordres que la chambre est appelée à réprimer, et puis
je trouve le récit authentique de ce qui s'est passé, dans le
tome XXVI des registres : « Le 26 janvier 1582 la Cour tint sa
« première séance aux Jacobins de Bordeaux, dans laquelle
« Loyseau, qui faisoit la charge d'avocat du roi, dit entre au-
« tres choses qu'ils étoient venus, présidents et conseillers,
« pour remettre l'autorité de la justice en ce que les troubles
« *l'avoient anéantie et y étoit du tout morte*, et il déprima
« entièrement toute la justice du Parlement. » Le Parlement
de Paris n'avoit pas à s'émouvoir, car Loisel le met au-dessus
de tous les autres et dit : « Parlement qui est demeuré quasi-
« seul, ferme et stable au milieu des troubles et orages de ce
« royaume. » Ce fut la Cour de Bordeaux qui s'émut, et les
registres portent : « Le Parlement se plaignit, Loyseau nia ou
« expliqua son discours, et les deux corps s'accommodèrent. »
Il est probable qu'en faisant imprimer cette remontrance, Loisel
retrancha ce qui avoit blessé le Parlement de Bordeaux. Mais
on y trouve encore cette phrase conforme au récit du registre :
« Afin de renforcer et raffermir l'œil de la justice qui *commen-*
« *çoit à se ternir et altérer.* » M. Grün a interprété la dédicace par laquelle Loisel adresse à M. de Harlay cette première
remontrance, deux mois après l'avoir prononcée. Le premier
président avoit pu désirer la connoître, sachant l'effet qu'elle
avoit produit, mais c'est à Bordeaux que l'émotion s'étoit fait
sentir, et non à Paris, et il n'y avait pas eu *réquisition*.

J'arrive à la seconde partie de mon analyse, celle que j'ai
annoncée sous le titre de Lacunes.

Pour fixer la naissance de Montaigne, M. Grün cite les Essais qui indiquent le dernier jour de février, mais la durée de ce mois est variable ; or, en l'année 1533 il avoit 28 jours, et le dernier étoit un vendredi, c'est donc le *vendredi, 28 février 1533* que Montaigne est né ; l'annotation des Éphémérides confirme cette date. Peut-être eût-il été bon de rappeler ce fait rare, bien que les exemples de naissances tardives soient assez nombreux, que Montaigne prétend être né *après onze mois de gestation.* (Liv. II, ch. xii.)

M. Grün rappelle que Pierre Montaigne envoya nourrir son fils à *un pauvre village des siens;* un biographe auroit pu nous donner le nom de ce lieu, puisqu'il est connu : c'est le hameau de PAPESSUS, composé seulement de quelques maisons, et situé au nord du château. On y voyoit encore il y a quelques années une maison de meilleure apparence que les autres, et la tradition prétendoit qu'elle avoit appartenu à un ancien garde du château ; ce pourroit bien être celle qui a abrité Montaigne (1).

A l'occasion des parrain et marraine de Michel Montaigne, choisis parmi des gens de la plus *abjecte condition,* M. Grün auroit pu faire ce rapprochement intéressant, que les choses se sont ainsi passées pour Montesquieu, qui eut pour parrain un mendiant. (Notice sur La Brede, par Latapie.)

Dans un ouvrage consacré à étudier Montaigne homme public, il eût été à propos de donner quelques détails sur la première condition de la position sociale qu'il occupoit, sur la terre qui le constituoit SEIGNEUR, cela eût été plus à sa place que ces longs règlements qui remplissent tant de pages et qui sont étrangers à Montaigne.

Pierre Eyquem étoit seigneur de Montaigne et de Balbeyron ou Balveyon, pour lesquels il rendoit hommage à l'archevêque de Bordeaux. Le partage qui eut lieu entre quatre de ses enfants (sur cinq) à sa mort, prouve qu'il possédoit la maison de Montaigne, qui échut à l'aîné, Michel ; le fief de la *Brousse* (2), qui

---

(1) Éléonore a été nourrie au village de Gandoy, entre Papessus et Montaigne.

(2) La Brousse étoit situé paroisse d'Estaringnes, juridiction de Montravel.

fut dévolu à Pierre ; la maison noble de *Beauregard* (1), dévolue à Thomas ; et des biens dans l'île de Macau (2), qui furent le partage d'Arnaud ; il devoit posséder aussi la terre des *Marrous*, qui fut appelée plus tard *Mattecoulon* (3), laquelle avoit, selon toute apparence, été remise avant la mort de Pierre, à Bertrand Charles, puisqu'il ne figure pas au partage, à moins que cette terre ne lui soit arrivée par alliance ; mais M. de Cazenave me dit que Mattecoulon a toujours passé pour un démembrement de Montaigne ; la terre devoit comprendre encore Lagorde, des terres sur la paroisse d'Aysines, etc. (4).

Montaigne, malgré les appréhensions de son père, n'a pas ruiné son domaine, au contraire, il l'a augmenté par deux acquisitions d'une certaine importance :

1º En 1578, une forêt sise sur les paroisses de Montpeyroux et de Saint-Clau, contenant 110 journaux, et appartenant jusque-là à l'archevêque de Bordeaux, pour laquelle Montaigne

(1) Beauregard étoit dans la paroisse de Merignac, près Bordeaux.

(2) L'île de Macau, près du Bec d'Ambès, à 18 kil. N. de Bordeaux.

(3) Mattecoulon existe dans la commune de Montpeyroux, il appartient encore à la descendance de Bertrand de Montaigne (famille de Cazenave). Par occasion, je dirai que ce frère de Michel, auquel M. Grün donne avec raison le titre de gentilhomme de la chambre du roi de Navarre, étoit aussi gentilhomme de la chambre du roi de France (j'ai des actes qui le prouvent) ; il étoit seigneur de Mattecoulon, de la Gasquerie et de Théaujan. Ainsi les deux frères avoient les mêmes titres auprès du roi de France et du roi de Navarre. Aujourd'hui on dit plus communément *Château de Montpeyroux* que *Mattecoulon*.

J'ajoute ici deux notes intéressantes relatives au titre de gentilhomme de la chambre. De ce fait que Montaigne place en tête de ses livres son titre, M. Lapeyre conclut qu'il devoit avoir la moitié des émoluments attachés à cette charge ; c'est l'induction qu'on doit tirer de cette partie de l'ordonnance de Henri III, donnée à Paris en 1576, dans laquelle il est fait défense de prendre le titre d'officier de la maison du roi si l'on n'est actuellement servant, ou résidant dans sa maison à *moitié gages*. (Conférences des ordonnances, par Girard, p. 1447.) M. Grün place entre 1570 et 1580 la nomination de Montaigne comme gentilhomme de la chambre ; il l'étoit déjà en 1578. (Achat d'une forêt du temporel de l'Église ; 2 juillet.)

(4) Mme de Montaigne possédoit, et son mari a sans doute possédé, la forêt de *Certes en Buch*, car le 6 mai 1604 elle fait don aux Feuillants de 25 pieds d'arbres à prendre dans cette forêt. (*Les Feuillants de Bordeaux*, par M. Lamothe.)

devoit perpétuellement foi et hommage à l'archevêque, *une paire de gants apprêtés* et cinq sols tournois pour une fois, payés à muance de vassal. C'est probablement la forêt dite de *Bretanord*, aujourd'hui *Saint-Clau*, celle dans laquelle a chassé le roi de Navarre.

2º En 1579, une rente de 500 francs bordelois que lui cèdent les MM. Pichon, qui avoient prêté à la ville de Libourne 3300 ᵉ qu'elle avoit dû payer au roi (1).

J'ajouterai quelques chiffres qui pourront donner une idée de la fortune de Montaigne.

A son décès la succession a été estimée 90 mille livres, savoir : 60 mille livres pour la terre, et 30 mille livres de créances, ce qui confirme ce que Montaigne dit dans les Essais que le meilleur de son revenu est *manuel*, c'est-à-dire en biens fonds ; en prenant pour base de l'intérêt payé à Montaigne le taux fixé par une des sentences du procès qu'a engendré son testament, savoir : 1826 ᵉ 13 s. 4 d., pour 27,400 ᵉ, c'est-à-dire à peu près 6 fr. 67 pour cent, le revenu des 30 mille francs de créances devoit produire 2000 fr. par an, lesquels joints au revenu de la terre, estimé à plus de 4000 fr., constituoient les six mille francs de rente, ou à peu près, dont Montaigne parle dans les Essais.

Lorsque la terre sortit de la famille, au commencement de ce siècle, elle fut vendue 120 mille francs ; trente ans plus tard, elle fut estimée 224 mille francs ; elle vaut aujourd'hui plus du double de cette somme.

Éléonore de Montaigne a reçu 20,000 ᵉ de dot.

Sa mère, Françoise de La Chassaigne, avoit apporté à Montaigne 7000 fr. ; une sœur de ce dernier, *Marie*, qui épousa M. de Cazelis, reçut une dot de 1500 écus à 60 sols pièce ; cette somme avoit été payée par *Michel* de la manière suivante : « Six vingt-deux écus d'or sol, six vingt-dix-neuf écus pistolets, « douze ducats, mille retz, cinq cents *guarnes de testons*, mille

---

(1) Montaigne, sincère en tout, dit dans les Essais, en parlant de cette prédiction de son père : « *Il se trompa, me voici comme j'y entrai, si* NON UN PEU MIEUX. » On voit qu'il dit vrai (*sans office pourtant*, ajoute-t-il).

« francs d'argent de vingt sols pièce faisant en tout ladite
« somme de 1500 écus. »   (M. Francisque Michel.)

Jeanne sœur de Montaigne et Jeanne de Bussaguet sa nièce apportèrent chacune 4000 fr. de dot.

Lorsque la terre sortit de la descendance de Montaigne elle se composoit des domaines de Gandoy, Sidon, Manége, Letang, Claudy, Fourquet, Pagnac, Marcon et la Thuilerie; la contenance étoit d'environ 850 journaux (représentant en moyenne 350 hectares, selon qu'on compte en journaux de Périgueux ou en journaux de Velines).   (*Renseignements de* M. Delpit.)

Une autre lacune non moins importante est relative aux patronages. M. Grün a vu dans les Essais que Montaigne possédoit, avec le baron de Caupène, le droit de patronage sur la cure de Lahontan; il y avoit à ce sujet quelque chose à dire, car c'étoit encore là une *position publique*. On pouvoit au moins indiquer la situation de Lahontan (département des Basses-Pyrénées, arrondissement d'Orthez, canton de Salies; Lahontan, Cauna et Caupène sont voisins). Ce fut cette terre de Lahontan qui constitua la baronnie du célèbre voyageur du xviiie siècle. Mais ce baron de Caupène! qu'est-ce donc? Ce n'étoit rien moins que le fils de Montluc, *Pierre Bertrand*, dit le *Capitaine Perrot* (et plus tard le fils de celui-ci). La femme du premier, Marguerite de Caupène, fille unique et héritière de François de Caupène et de Françoise de Cauna, lui avoit apporté ces deux seigneuries. Le baron de Caupène, dont parle Montaigne dans les Essais, étoit le deuxième fils de celui-là, Charles, seigneur de Caupène, qui testa en 1595.

Il paroît d'ailleurs que ce droit de patronage sur la cure de Lahontan a donné lieu à beaucoup de difficultés, car parmi les pièces originales fort intéressantes que je possède sur ce droit, il en est une de 1572 par laquelle Charles IX renvoie devant le parlement de Toulouse la dame *de Caupène* (veuve alors) et *Michel Montaigne*, la première agissant pour : « sujet du
« patronage qu'elle prétend avoir de la cure de l'église paro-
« chiale de Lahontan, à l'encontre de maître Antoine Brisseau,
« prêtre, soi-disant curé de ladite cure, ne faisant que prêter

« son nom à maître Pierre Eyquem, chanoine de l'église cathé-
« drale de Saint-André de Bordeaux, et Micheau Eyquem,
« seigneur de la Montaigne (sic), conseiller de la cour, pré-
« tendant être patrons. » Et antérieurement, en date du 25
novembre 1533, Guillaume Carot, vicaire général de l'archevêque d'Auch écrit une lettre (communication de M. Delpit) en
faveur de Ramon Eyquem, licencié en droit, auquel il accorde
la cure de Lahontan, à laquelle il avoit été présenté par Pierre
Eyquem et Anne de la Forcade, patrons de ladite église, et
que refusoit d'admettre l'évêque de Dax.

Mais Montaigne possédoit encore un droit dont M. Grün ne
parle pas, *le droit de litre* dans l'église des Feuillants, comme
acquéreur des droits de la maison de Vaquey, sur les fonds de
laquelle ladite église avoit été bâtie (arrêt du Parlement rendu
en 1601, à propos du chapitre de Saintes, communiqué par
M. Delpit) (1).

Montaigne dit, au sujet des lettres de bourgeoisie romaine :
« N'étant bourgeois d'aucune ville, je suis bien aise de l'être
« de la plus noble qui fut.... » M. Grün semble admettre que
Montaigne se trompe ici, car, dit-il : « L'élection à la mairie de
« Bordeaux supposoit *nécessairement* le droit de bourgeoisie. »
Je ne sache pas que cette dernière opinion soit prouvée ; rien
n'indique que MM. de Lansac, Matignon, Biron fussent bour-
geois de Bordeaux, et le dire de Montaigne est positif (2).

M. Delpit pense que Montaigne, fils, petit-fils, arrière-petit-

---

(1) LITRES ou *Ceintures funèbres*, bandes ou traits de peinture noire d'une largeur de deux pieds au plus, mises tout autour d'une église ou chapelle, en dedans ou en dehors, en signe de deuil du patron ou du seigneur haut justicier, sur lesquelles les écussons des armes sont peints de distance en distance. Le patron et le haut justicier jouissoient seuls de cette prérogative refusée aux seigneurs moyens et bas justiciers, féodaux, ou censiers.

(2) Parmi les nombreuses sources citées par M. Grün au sujet de la mairie de Bordeaux, je ne me rappelle pas avoir vu l'ouvrage spécial intitulé : *Recherches historiques sur l'office de maire de Bordeaux*, par Marie de Saint-Georges de Montmerci, 1785, in-8, ouvrage reproduit textuellement dans une série de feuilletons du *Mémorial bordelais*, en 1837, par un jeune enthousiaste de nos vieilles chroniques, lequel, dans son *enthousiasme*, a oublié de nommer l'auteur dont il reproduisoit le travail.

fils de bourgeois, doit être regardé comme bourgeois de Bordeaux, mais il ne juge pas que cette qualité fût nécessaire pour être élu.

M. d'Etcheverry, si compétent sur l'histoire de Bordeaux, et qui connoît si bien les pièces confiées à sa direction, a la bonté de me transmettre une note dans laquelle je trouve : « Les « jurats s'empressoient d'offrir, gratuitement et sans enquête, « des lettres de bourgeoisie aux maires, lieutenants généraux « de la province, etc. On trouve dans les registres de 1761 les « lettres de bourgeoisie offertes à M. de Ségur Cabanac, sous-« maire; en 1769, à M. le maréchal duc de Richelieu, gou-« verneur, etc.

« En 1762, un descendant de Bussaguet (oncle de Michel « Montaigne), justifie de sa qualité de bourgeois, en arguant « qu'il descend de Grimon Eyquem, qui l'étoit. En 1663, « Guillaume de Montaigne ayant perdu les lettres de bour-« geoisie de la famille, prouve dans le même but sa descen-« dance de Grim. Eyquem (*Tabl. des Bourgeois,* tom. II) (1). »

Ce qui précède montre donc l'hérédité pour le droit de bourgeoisie. A ce titre Montaigne devoit être bourgeois de Bordeaux, mais cette qualité n'étoit pas nécessaire pour la mairie. Comment se perdoit-elle? Montaigne habitant le Périgord l'avoit-il perdue? A cette occasion, M. Grün auroit pu annoncer à ses lecteurs une nouveauté qui n'est pas sans intérêt. Un très petit nombre de personnes supposent, d'après un renseignement inexact donné par Haenel (2), que l'original des *Lettres patentes de bourgeoisie romaine* se trouve à la bibliothèque de l'Arsenal. Malheureusement il n'en est rien, la pièce en question est une traduction faite en 1686, je ne sais dans quel intérêt, par un interprète de Bruxelles, dont la qualité et

---

(1) Au XVIᵉ siècle, la qualité de bourgeois se payoit 4 à 5 écus, et cet argent étoit ordinairement donné aux pauvres; cependant on trouve quelquefois dans les registres : « MM. les jurats ont donné *un bourgeois* (c'est-à-dire l'argent reçu pour la réception d'un bourgeois) à M. le sous-maire, etc. »
(M. D'ETCHEVERRY.)

(2) Catalogi libr. manuscript. qui in Biblioth. Galliæ, Helvetiæ, Britanniæ M. asservantur, Lipsiæ, 1830, in-8, col. 339, n. 179.

l'écriture sont constatées et légalisées. En tête se trouve un joli dessin des armoiries, mais inexactement reproduites; la patte étant placée en pal au lieu d'être en fasce. Seroient-ce celles des Montaigne des Essarts? *(Voir* aux pièces additionnelles.)

Mais M. Grün a laissé sur ce point de la bourgeoisie une lacune importante : postérieurement à l'époque à laquelle Montaigne disoit ne la posséder dans aucune ville, il devint BOURGEOIS DE LIBOURNE ; les papiers de la famille Ferrand, cités par Souffrain, portent que LE SEUL *Michel de Montaigne* obtint des *Lettres de bourgeois d'honneur, qu'il accepta avec reconnaissance.* Cette bourgeoisie conféroit un grand avantage : les bourgeois avoient seuls la faculté de faire entrer leurs vins sans payer aucun droit au roi, et les vins autres que ceux de la sénéchaussée ne pouvoient descendre à Libourne que vers Noël, afin de donner le temps aux Libournois de se défaire des leurs.

Dans un livre où l'histoire générale occupe tant de place, c'eût été le cas de faire ressortir une circonstance fort remarquable à laquelle Montaigne fait allusion dans une phrase que cite M. Grün, page 52 : « Souvienne-vous en quelle bouche
« cette année passée l'affirmative d'icelle (s'il est permis de
« s'armer contre son prince) estoit l'arc-boutant d'un party,
« la négative dequel autre party c'étoit l'arc-boutant : et oyez
« à présent dequel quartier vient la voix et instruction de
« l'une et de l'autre....... » Montaigne fait allusion évidente à ce revirement d'opinion des catholiques et des protestants, à l'occasion de la mort du duc d'Anjou, en 1584, indiqué par Bayle (Art. *Sainctes*), Labitte (***P**rédicat. de la Ligue*), Mézerai, Jamet (*Notes inédites*), Grosley (*Londres*), Labouderie, etc.

La réforme, quoique d'origine aristocratique (c'est l'avis de Châteaubriant), s'appuyoit, en France, sur la démocratie; elle soutenoit que le peuple peut déposer les rois et tuer les tyrans, afin de faire arriver à la couronne un prince qui n'étoit pas dans la ligne héréditaire; les catholiques, de leur côté, pour éloigner du trône un prétendant protestant défendoient le principe de l'hérédité linéale. La mort du duc d'Anjou renversa les rôles. Les opinions jusque-là défendues par les protestants pouvoient être invoquées en faveur du duc de Guise contre le roi de Navarre, qui avoit alors la légitimité pour lui; les catholiques, au contraire, se trouvoient, en soutenant la légitimité, favoriser un hérétique; chaque parti abdiqua donc son opinion passée pour prendre celle de son adversaire, et c'est ainsi que Montaigne a été amené à écrire la phrase ci-dessus; et la preuve que cette interprétation est exacte, c'est que la phrase ne se trouve pas à l'édition de 1580, et qu'on la rencontre à celle de 1588; le duc d'Anjou étoit mort dans cet intervalle de temps.

Page 248, M. Grün mentionne la lettre de recommandation en faveur de M. de *Verres*, adressée par Montaigne à Claude Dupuy, mais il ne s'en occupe pas davantage.

Il seroit curieux de savoir quel est ce personnage *nourri en la maison de Montaigne, qui lui étoit fort ami.* Ce nom n'appartient pas au Midi, ne seroit-ce pas M. *de Guerre?* Celui-ci est un nom de la province (Martin Guerre, à Toulouse); une famille qui le portoit étoit très liée avec celle de Montaigne, elle est restée amie et elle a contracté des alliances avec la descendance de *Mattecoulon*. Un *de Guerre* figure au contrat de mariage d'un membre de cette branche, *Jacques de Cazenave*, en 1746. On sait que dans nos provinces méridionales on substitue volontiers le V au G. Montaigne lui-même dit *Walles* pour *Galles*. Cette transformation se retrouve d'ailleurs fréquemment dans les langues étrangères : en latin *Vasco*, Gascon, *vastare*, gâter; *Vulpillus*, Goupillon; etc. En allemand *Winner*, gain; *Wafel*, gaufre; les Picards ont toujours prononcé le G comme le V : *Wede*, pour Guede; Werre, pour Guerre. Cette opinion est tout à fait celle de M. de Cazenave.

J'arrive enfin au 3ᵉ paragraphe de cet examen, celui que j'ai consacré aux Erreurs.

M. Grün se plaint qu'on ait voulu ravaler l'origine de Montaigne; il s'indigne contre Scaliger, qui a dit que le père étoit *vendeur de harengs!* Et quel mal y auroit-il donc à ce qu'il en fût ainsi? Il me semble que Montaigne n'auroit rien à y perdre, et que les marchands de harengs auroient seuls à y gagner! Scaliger pouvoit être mauvaise langue, mais ce n'étoit pas un sot, et il eût été par trop maladroit de risquer une allégation qui pouvoit être démentie par un grand nombre de contemporains; il a pu se tromper sur le degré d'ascendance; mais *malheureusement* il n'a pas erré sur le fait principal, et Montaigne compte des *marchands parmi ses ayeux* (1).

Ramon Eyquem, grand-père de *Pierre*, est qualifié *marchand et bourgeois* de Bordeaux dans un contrat d'acquisition de terre du 8 mars 1452. En 1457 et 1475 il est, dans des actes de même nature, qualifié seulement *honorable homme;* dans son testament, écrit en 1473 et ouvert en 1478, on lit : « *Jo Ramon Ayquem, marchant, parropiant de la gleysa de Sent Miqueu et borgues de Bordeu.* »

Un frère de *Ramon Eyquem, Ramon de Gaujac*, alias *Locodot*, est, dans un contrat de vente du 18 novembre 1467, qualifié *marchand,* de la paroisse Saint-Michel.

Le reste de la famille semble être dans la même position. D'un acte de partage en date du 15 novembre 1508, il résulte qu'Ysabeau de Verteuil, nièce de Grimon Eyquem et cousine-germaine de Pierre, étoit mariée à un *Dufleys*, fils de *Bern. Dufleys, marchands* et paroissiens de Saint-Éloi.

(Ces divers actes m'ont été communiqués par M. Delpit.)

Il ne reste donc plus à discuter que la qualité de la marchandise, mais M. Grün n'y tient probablement pas plus que moi, et j'a-

---

(1) Bernadau (*Viographe bordelais*) fait dire à Scaliger ce que je ne trouve pas dans l'édition du *Scaligerana* que j'ai sous les yeux : « Que Montaigne descendoit d'un pêcheur breton qui se fit vendeur de harengs à la Roussette (quartier de Bordeaux) »; Bernadau trouve la chose probable, parce que près du port il existoit une impasse du nom de Montaigne. Prunis conteste l'exactitude de cette révélation; il dit avoir vu des titres qui remontoient jusqu'à 1400, et que les ancêtres de Montaigne, tous gentilshommes, y sont constamment nommés damoiseaux, domicelli (gentilshommes qui n'étoient pas chevaliers); il est probable que Prunis aura vu des pièces relatives aux possesseurs antérieurs de la terre (à des MONTANHA), mais non aux Eyquem.

voue que j'aimerois mieux apprendre que Montaigne a été lui-même marchand de poisson, que d'être obligé de croire à la flétrissure de sa carrière administrative.

Quant à l'ancienneté de la noblesse, M. Grün se borne à dire que Montaigne est *de bonne famille*. Ce n'est pas assez, puisqu'enfin ce titre de SEIGNEUR est un des principaux de *sa vie publique*. Une pièce malheureusement incomplète, qui a servi de couverture à un registre, et à laquelle manquent l'intitulé et la date, mais qui paroît être du XVe siècle, donne le testament d'un *seigneur de Montanha*, marié à Jeanne de Monadey, lequel n'est pas de la famille des Eyquem. Le testateur laissoit un fils, *Pierre*, et une fille, *Jeanne*, qui est probablement celle dont il est parlé dans une ESPORLE pour *Ramon de Gaujac* (frère de Ramon Eyquem), en faveur de Jeanne de Monadey (3 février 1456), femme de noble homme *Galhard d'Arsac*. Cet hommage tenoit peut-être à quelque achat de terre fait par les Eyquem aux seigneurs de *l'Hostau de Montanha*, et peut-être cela a-t-il été l'origine de l'acquisition de la terre. Dans tous les cas, les *Eyquem* semblent s'arrondir aux dépens des *d'Arsac*, car, le 18 décembre 1477, Ramon avoit acquis une prairie mouvant de noble *Amanieu d'Arsac*. Du reste, postérieurement les d'Arsac se sont alliés aux Eyquem et à La Boëtie.

La noblesse de la terre étoit ancienne, mais la possession par les *Eyquem* ne l'étoit pas. — Il résulte d'une charte sur parchemin ayant pour titre : *Instrumentum recognitionis homagiorum facturum domino archiep. Burd. per gentes Montrevanello*, etc., datée de février 1306, que *Petrus de* MONTANEA, *donzellus*, figuroit parmi les vassaux de l'archevêque, et en cette qualification lui a rendu hommage ledit jour. (M. Delpit m'indique un pareil hommage d'un *Petrus Montana* dans le registre 304 des archives du département (1).

(1) Les *Eyquem* ont à leur tour rendu cet hommage ; un acte notarié du 9 novembre 1530 constate l'hommage de Pierre *Eyquem*, seigneur de Montaigne.

Deux actes notariés du 7 décembre 1602 témoignent de l'hommage rendu par Mme veuve Montaigne.

(Notes fournies par M. Gras, archiviste de la Gironde.)

Le testament de Ramon Eyquem, qui détaille les biens du testateur, ne mentionne pas la terre de Montaigne; il ne la possédoit donc pas en 1473; il est probable que s'il l'eût acquise postérieurement jusqu'à 1478 qu'il est mort, un codicille en auroit fait mention. On ne peut donc pas présumer que *Ramon* ait été *seigneur de Montaigne*.

D'un autre côté, *Grimon*, le fils de *Ramon*, le grand-père de *Michel*, est qualifié, en 1491, de *seigneur de Montaigne*, de même en 1508, où de plus il est dit *noble homme*.

C'est donc entre 1473 et 1491 que la terre est entrée dans la famille Eyquem, et c'est très probablement entre 1478 et 1491 que Grimon en a été l'acquéreur (1).

La Bibliothèque publique de la ville de Bordeaux possède un registre sur lequel *Pierre Eyquem*, seigneur de Montaigne (fils de Grimon et père de Michel), avoit fait transcrire par le notaire Pierre Perreau tous les contrats d'acquisitions faites par lui de 1528 à 1559; elles sont au nombre de 250, et elles ont coûté ensemble 4332 livres 10 sols 10 deniers, sans compter le blé et autres denrées données en échange. Je possède moi-même des notes de même nature qui relatent les achats faits de 1528 à 1541 (1528 est l'année du mariage de Pierre).

M. Delpit, à l'obligeance affectueuse duquel je dois l'analyse ou la copie textuelle de ces diverses pièces, pense avec raison que ce registre indique un nouvel acquéreur. Les *Eyquem*

Aux registres des hommages de Montravel la cérémonie de l'hommage est décrite : « Le représentant de Mme de Montaigne, après avoir pris inves-
« titure dudit sieur archevêque, acceptant et stipulant lequel après avoir
« pris et reçu audit nom le serment de fidélité en tel cas requis et accou-
« tumé, lui avoir caché les mains, a icelui relevé, l'a reçu audit nom comme
« vassal des susdites maisons de Montaigne, Balbeyon, appartenance et
« dépendance, a saisi féodalement comme un fief noble, franc, libre et
« censier, au devoir et préjudice d'un baiser à la joue, à la coutume des
« prélats, et muance de seigneur et de vassal indépendant, etc. »
(M. de Cazenave.)

(1) Aux Essais, Montaigne confirme cette supputation; il parle de *la fortune*, et il dit : « Tout ce qu'il y a de ses dons chez nous, il y est avant moi,
« *et* AU DELA DE CENT ANS. » Or, ce chapitre a été écrit en 1586 (18 ans après la mort de son père, arrivée en 1568), en déduisant *plus de 100 ans*,

avoient acheté une terre ruinée, ils vouloient l'agrandir et conserver le souvenir de ces améliorations.

Une autre preuve de noblesse nouvelle est la suppression du nom primitif. Or, ce n'est qu'à partir de 1568 qu'on ne trouve plus dans les actes le nom d'*Eyquem*, et j'ai fait remarquer que dans les *Éphémérides de Beuther*, annotées par la famille, le nom d'*Eyquem*, inscrit primitivement (le volume est imprimé en 1551), a été partout rayé. La famille nouvellement anoblie vouloit se distinguer des familles nombreuses et sans importance qui, dans la contrée, portoient le nom d'*Eyquem* (1).

Ainsi donc, à trois générations au-dessus de Michel, les *Eyquem* étoient *marchands*. C'est à la fin du xve siècle que la terre est entrée dans la famille, et lorsque Montaigne dit que la plupart de ses ancêtres sont nés à Montaigne, il ne pouvoit parler que de son père et de ses six oncles et tantes paternels (2).

Page 168, M. Grün formule une de ces affirmations ma-

---

nous remontons à une époque antérieure à 1486 ; donc, en fin de compte, c'est entre 1478 et 1486 que la terre est entrée dans la famille : 1480 peut-être ? Cette phrase des Essais n'avoit pas encore été interprétée.

(1) Le prénom de *Michel*, patron de la Paroisse, qui n'était pas dans la famille, et qui y apparaît alors, n'est-il pas aussi une preuve indirecte ?
On trouve encore le nom d'*Eyquem* en 1567, le 30 avril (contrat de mariage d'une fille de *Bussaguet* avec *Mons*); c'est donc entre mai 1567 et août 1568 que ce nom a été abandonné.

(2) Je relève ici les dates relatives aux ancêtres de Montaigne, parce qu'on ne les trouve nulle part ainsi rapprochées :

Ramon Eyquem est né en 1402 et mort en 1478.

Grimon, son fils, a dû naître vers 1440, et mourir antérieurement à 1509, comme l'établit un curieux ordre de révélation émané de Léon X, prescrivant à tous ceux qui connoîtroient des débiteurs de la succession de les faire connoître sous peine d'excommunication.

Pierre (l'aîné, *senior*), fils de *Grimon*, est né le 29 septembre 1495 et mort le 18 juin 1568, à 72 ans et 9 mois (il est remarquable qu'aux Essais Montaigne dit par erreur qu'il a vécu 74 ans, et aux Éphémérides 72 ans et 3 mois). Un de ses frères portoit aussi le nom de *Pierre* (*junior*).

Michel, auteur des Essais, fils de *Pierre*, est né le 28 février 1533 et mort le 13 septembre 1592.

gistrales en présence desquelles le doute ne semble pas permis. Pierre Eyquem n'avoit aucune connoissance des lettres.

Examinons pourtant! Pierre a été jurat, prévôt, sous-maire, maire! Peut-être cela n'indique-t-il qu'une capacité administrative; pourtant cette dernière fonction, remplie le plus souvent par de très grands personnages, ne lui a pas été conférée à cause de l'éclat de son nom et de l'ancienneté de sa race; il falloit bien que cela fût pour son mérite personnel. Mais il a été membre d'une Cour souveraine, qu'à l'origine quelques personnes regardoient comme supérieure aux Parlements. Cela suppose une certaine éducation, cela prouve au moins qu'il entendoit le françois; mais il comprenoit aussi le latin, puisqu'il lisoit dans l'original la *Théologie naturelle de Sebon*. A la manière dont Montaigne dit qu'il a appris le grec, on peut inférer que c'est son père qui le lui a enseigné; Montaigne dit encore que son père avoit familières les langues italienne et espagnole; il me semble que tout cela promet.

On opposera peut-être les paroles de Montaigne; mais elles montrent que *la superbe*, dont on l'a gratifié, n'étoit pas aussi exubérante qu'on le dit. Montaigne ne regardoit pas son père comme un savant; lui-même disoit : « Je n'entends rien au grec, » quoiqu'il possédât, lût et citât des auteurs grecs; mais ni son père ni lui ne possédoient les langues anciennes comme les Govea, les Élie Vinet, les Marc-Antoine Muret, les Grouchy, les Guérente, les Buchanan, les Millanges avec lesquels ils vivoient; d'où Montaigne concluoit que c'étoit ne rien savoir que savoir moins que ces érudits.

Non-seulement Pierre Montaigne avoit connoissance des lettres, mais il les cultivoit, il se permettoit de faire des vers latins, et en 1511, c'est-à-dire lorsqu'il avoit à peine seize ans, il adressoit à Piellé des distiques latins qu'on a imprimés l'année suivante à la suite du poëme : *Guillermi Piellei, Turonensis, de Anglorum ex Gallis fuga et Hispanorum ex Navarra expulsione*. Parrhysiis, Bonnemere, 1512, in-4 goth.

Peut-être ces vers n'ont-ils jamais, depuis, été reproduits, et je me fais un plaisir de les transcrire.

PETRUS EYQUEM BURDIGALENSIS, GENEROSISSIMO ADOLESCENTI

JOHANNI DE DURAS,

CARMEN SIMONIDEUM.

« Ogygius, dextro natus sub sydere vates,
« Prompsit grandisono martia bella pede.
« Bella per iliacos late grassata penates,
« Sub quibus oppressit mors violenta Parin.
« Ille, cothurnato Smyrneus carmine, vates
« Eacide cecinit facta superba ducis;
« Iste, Sophocleo fucatos ore Britannos
« Franca dejectos e regione canit;
« Cujus magnificas cupiam si dicere laudes,
« Pondere sub nimio Musa pusilla gemet. »

Quelque jugement qu'on porte sur ces vers, et dût la *musa pusilla* faire songer à la *tendre musette* de la chanson, il est certain qu'ils témoignent que ce garçon de seize ans, comme pourroit dire Montaigne, entretenoit un certain commerce avec les *vates Smyrneus* et *Ogygius*. On y sent l'exubérance et la boursoufflure de la sève scolastique; mais l'homme qui les a écrits auroit fait au moins un très bon bachelier ès lettres dans le XIXe siècle.

Une circonstance qui n'est pas sans intérêt, c'est la dédicace à un Duras, lorsqu'à son tour Michel a dédié à une dame de cette famille; on aime à constater cette perpétuité de relations affectueuses, elle prouve plus pour la consistance et la considération de la famille des Montaigne que les méchancetés de Scaliger ne peuvent contre elle (1).

Je termine ce qui regarde le père de Montaigne en relevant

---

(1) Quant au personnage, je ne vois pour la concordance des prénom et âge que *Jean de Duras*, né le quatrième de la première femme de *Jean de Durfort*. C'est lui qui, en 1512, a pris le nom et fait la branche des *Civrac*,

une erreur échappée à M. Grün. Il dit que Pierre vivoit encore lorsque l'ouvrage de Sebon fut imprimé. Pierre Montaigne n'existoit plus lorsque cette traduction fut terminée ; il est mort le 18 juin 1568, et la Théologie ne parut qu'en septembre 1569. C'est comme cela que Michel a été amené à dater sa dédicace du jour mortuaire.

La mort du père me fournit l'occasion de reproduire ici, sur la mort du fils, une observation que j'ai consignée ailleurs sans résoudre la difficulté.

Tous les biographes sont en désaccord sur la date de la mort de l'auteur des Essais ; il m'avoit paru que la date inscrite sur le tombeau devoit être celle qui offroit le plus de garantie ; or, le mausolée dit : « Les ides de septembre » — ce mois étant dans le calendrier romain un de ceux où les nones tomboient le 5, les ides, par conséquent, tomboient le 13 ; donc, cette date correspondoit au 13 septembre 1592.

Voici maintenant la difficulté : M. Lamothe, secrétaire de la commission des monuments historiques de la Gironde, vient de publier, dans le rapport de 1855, un extrait de la concession faite à madame veuve Montaigne, pour son mari, d'une sépulture dans l'église des Feuillants de Bordeaux. Deux messes devoient être dites chaque année, l'une le troisième jour du mois de septembre et l'autre en commémoration du jour de l'inhumation (probablement chez les Feuillants). Si la première date est exacte (1), à quoi pourroit-elle se rapporter, si ce n'est au jour mortuaire ; il faudroit donc, à ce compte, accepter le 3 septembre, et regarder le 13 comme une erreur du tombeau ; pourtant la date du 13 est inscrite sur le volume des Éphémérides de Beuther, et je persiste à croire que c'est celle-là qu'il faut maintenir.

il pouvoit alors avoir vingt ou vingt-cinq ans, il devint grand oncle de Jean, qui épousa Marguerite de Grammont. Pierre auroit dédié à l'ancêtre, et Michel à la femme du petit neveu et à la belle-sœur de celle-ci. (*Marguerite de Grammont*, femme de Jean de Durfort, vicomte de *Duras*, et madame de *Guiche*, femme de Philibert de *Grammont*.)

(1) Du Cayla, qui a vu cet acte (27 janvier 1593), dit que l'*obit* en question est fondé pour le 13 septembre, M. Lamothe se seroit donc trompé ?

M. Grün s'occupe incidemment d'un des frères de Montaigne ; il cite une phrase de Moreri, qui dit que le roi donna le 27 juillet 1565, à Albert de Luynes, un commandement devenu vacant par la mort du capitaine Saint-Martin, frère du philosophe ; et comme Montaigne dit que son frère le capitaine Saint-Martin est mort à vingt-trois ans, et que M. Grün regarde comme prouvé qu'il étoit l'aîné de Michel, il déclare sans hésiter que Moreri s'est trompé. Quand il s'agit de Montaigne, il faut savoir douter, et je crois plus prudent et plus utile aux recherches ultérieures d'accepter sous réserves tous les renseignements jusqu'à preuves contraires, surtout ceux qui viennent d'hommes comme Moreri. Or, ces preuves nous manquent. Je tiens donc pour probable, jusqu'à plus ample informé, le renseignement de Moreri, et M. Grün lui-même remarque qu'il est confirmé par Abel Jouan qui, dans son journal, dit que le roi étoit en effet à Condom le 27 juillet 1565 ; mais il s'agit de faire concorder ce renseignement avec ce que nous savons des frères de Montaigne, et il faut d'abord résumer les faits qui sont incontestables.

Montaigne dit être né le troisième des enfants de son père. Il est constant qu'à la mort de Pierre il étoit l'aîné des survivants ; ses deux aînés étoient donc morts avant 1568. Nous n'avons aucun renseignement sur eux. L'un s'appeloit Beauregard ; après lui la terre a passé à l'un des frères, qui en a pris le nom, ce qui prête à une confusion de personnes qui ne cesse qu'à partir de la mort du père.

Montaigne dit que son père, en mourant, laissa cinq enfants mâles, mais il laissa aussi trois filles, ce qui fait dix enfants avec les deux aînés morts antérieurement.

Ainsi, à la mort de Pierre, existoient :

Michel, seigneur de Montaigne,   né le 28 fév. 1533 âgé de 35 ans
Thomas, seigneur de Beauregard,   17 mai 1534 (1)   34

(1) *Thomas* a eu en même temps le titre de seigneur d'Arsac (Éphémérides). Quant à la seigneurie de Beauregard, elle avoit dû antérieurement appartenir à l'un des aînés, décédé alors. (Voyez *Pierre*.)

Pierre, seigneur de la Brousse (1), né le 10 nov. 1535		âgé de 33 ans
Jeanne, mariée à Lestonnac,	17 oct. 1536	32
Arnaud, propre dans l'île de Macau,	14 sept. 1541 (2)	27
Léonor, mariée à Camein,	28 août 1552	16
Marie, mariée à Cazelis,	19 fév. 1554	14
Bertr. Charles, seigr de Mattecoulon,	20 août 1560	8

(Beauregard et Mattecoulon survivoient seuls à leurs frères à la fin du xvie siècle.)

Quant au capitaine Saint-Martin, mentionné par Montaigne et par Moreri, ce ne peut être Arnaud, puisqu'il a dépassé l'âge de 23 ans. Donc, pour que le renseignement de Moreri fût exact, il faudroit que Pierre Montaigne eût un fils de plus, lequel, né en 1542, seroit mort en 1565, et comme le père vivoit encore il ne figure pas au tableau ci-dessus. Cette supposition donneroit à Pierre Montaigne onze enfants au lieu de dix (3); elle n'est pas improbable.

Relativement au titre de sieur de Saint-Martin que porte Arnaud au contrat de mariage de Marie, dans cette supposition, il l'auroit pris à la mort de ce frère, comme les autres frères ont porté successivement les titres de Beauregard et d'Arsac, et on

(1) *Pierre* a été qualifié aussi de seigneur d'Arsac : c'est sous ce titre qu'il figure, en 1579, au contrat de mariage de sa sœur *Marie* (Mme de Cazelis); cependant, en 1590, *Thomas* figure encore comme seigneur d'*Arsac, Castera, Lilhan et Loirac* ; il avoit épousé Jacquette d'*Arsac*. Ce dernier nom me paroit donc avoir été porté en même temps par plusieurs personnes, car en 1565 il existoit un *Gaston d'Arsac* qui n'étoit pas *Eyquem*, lequel épousa Louise de la Chassaigne (sœur de la femme de Michel Montaigne); Gaston et Jaquette étoient enfants de premier lit de la femme de La Boëtie. J'ai indiqué ces diverses alliances dans la notice sur cet ami de Montaigne. (Arsac, village et château à 4 ou 5 lieues (15 ou 20 kilom.) de Bordeaux, canton de Castelnau de Médoc.)

(2) *Arnaud* est qualifié seigneur de Saint-Martin au contrat précité, il étoit mort à cette époque.

(3) Je ne puis me dispenser de faire une remarque qui prouve avec quelle méfiance il faut accepter les *arrangements* généalogiques les plus certains à l'apparence. Du moment où je possédois la date de naissance d'Arnaud, 1541, en y joignant les 23 ans que Montaigne fixe pour la durée de sa vie, j'obtenois 1564 pour la date de sa mort, et le renseignement de Moreri relatif à son remplacement en 1565 paroissoit inattaquable. La preuve qu'Arnaud vivoit en 1568 a renversé tout cet échafaudage.

remarquera que ce qui sembleroit confirmer cette opinion de deux personnes pour le même titre, c'est que celle que je suppose l'avoir porté la première est dénommée CAPITAINE Saint-Martin, tandis que la seconde est dite seulement *sieur de Saint-Martin*. Il semble qu'il y a là une distinction ; le premier Saint-Martin étoit militaire, rien ne dit que le second le fût. Ce dernier possédoit la terre, il en prenoit le nom. S'il en est ainsi, ce seroit au *capitaine* que se rapporteroit une lettre autographe, que je possède, de Charles IX transmettant des ordres pour le capitaine MONTAIGNE, en 1561.

Quant à la légitimité de la signature prise sur un acte de 1567, et que j'ai attribuée à Arnaud de Montaigne, malgré la contradiction de M. Grün, elle est certaine et prouvée par des signatures postérieures entièrement conformes.

Répondant à la Dixmerie, Jay et quelques autres, qui ont supposé que Montaigne étoit lié aux Guises par des bienfaits reçus, M. Grün dit que *les seigneurs de la maison de Lorraine n'étoient pour lui que des princes étrangers*. M. Delpit a déjà signalé l'erreur de cette appréciation et rappelé les faits historiques qui la contredisent ; elle est d'ailleurs complétement démentie par les détails de la vie intime.

Le duc de Mayenne a épousé, en 1576, Henriette de Savoie, fille unique d'Honorat de Savoie et de Françoise de Foix, et il en avoit reçu le comté de Castillon. Montaigne se seroit donc trouvé forcément en contact avec son puissant voisin, quand déjà il n'auroit pas eu avec lui les relations qui résultoient de sa liaison avec le duc de Guise (1) ; mais son intimité avec la maison de Foix établissoit surtout des rapports — Michel étoit fort ami du marquis de Trans (Germain, Gaston, de Foix), qui lui remit le collier de l'ordre ; il étoit lié avec les trois fils du marquis, il leur consacre un souvenir dans ses Éphémérides (mes bons seigneurs et amis) ; il prit une part active au mariage de l'un d'eux, Louis de Foix, et il dédia à sa femme, Diane de

---

(1) Montaigne dit de François de Guise : « Un prince des *nôtres* et *nôtre* il étoit à très bonnes enseignes, encore que son origine fût étrangère. »

Foix, le chapitre de l'Institution des Enfants. Or, cette dame étoit cousine issue de germain avec la femme du duc de Mayenne.

Les princes lorrains ne pouvoient donc être étrangers à Montaigne qui, du reste, a déclaré assez de fois, même en parlant aux rois eux-mêmes, qu'il n'a jamais reçu de récompenses des services qu'il a rendus, pour qu'on ne le soupçonne pas d'avoir accepté des bienfaits de qui que ce soit.

M. Grün parle de d'Elbène qu'il croit avoir été ambassadeur de France à Rome, dans le temps où Montaigne visita l'Italie, et, sur un renseignement inexact, il va jusqu'à dire que Catherine de Médicis donna au philosophe une lettre de recommandation pour ce personnage. M. Grün auroit mieux fait de s'en rapporter à Montaigne qu'à Meunier de Querlon, car c'est ce dernier qui a inventé un d'Elbène ambassadeur, tandis que Montaigne dit très exactement M. d'Abein. Il s'agit en effet de Louis Chasteignier de La Roche Posay, seigneur d'Abain ou d'Abin, comme disent les rois Charles IX, Henri III, Henri IV, etc., qui lui donnent toujours ce seul nom, ainsi qu'on peut le voir dans les nombreuses lettres que contient l'ouvrage d'André Duchesne. Cette grande maison étoit alliée aux maisons de France, d'Espagne et d'Angleterre (1).

Ludovicus Castaneus Abennius, vir nobilitate, eruditione, fortitudine et morum probitate insignis, dit de Thou.

M. d'Abein fut chevalier de l'ordre, membre du conseil privé, capitaine de cinquante hommes d'armes, maître d'hôtel ordinaire du Roi et gentilhomme de la chambre. Il accompagna le duc d'Anjou en Pologne, et, à son retour, Henri III l'envoya, en 1576, à Rome pour faire l'obédience au pape Grégoire XIII, et il resta comme ambassadeur jusqu'en 1581. Il étoit père du célèbre évêque de Poitiers, qui naquit à Tivoli pendant cette ambassade, en 1577. Montaigne dit qu'il le connaissoit de

---

(1) L'erreur a d'autant plus d'importance qu'un *Delbene* est effectivement intervenu en Italie pour les affaires de France. *Alexandre*, sans caractère officiel, contribua activement, en 1589, à réconcilier Henri IV avec le Saint-Siége; c'est lui qui apporta au roi son absolution, en 1596.

longue main; nous voyons, en effet, Charles de Gamaches, cousin de l'évêque, épouser *Éléonore* de Montaigne, veuve de *François de la Tour d'Ivier.*

Je ne sais si cette erreur de fait a été déjà signalée à M. Grün, mais elle n'a pas échappé à l'érudit M. Lapeyre.

M. Grün établit, par le témoignage de de Thou et celui de Mlle de Gournay, que Montaigne étoit à Paris en 1588 : il existe aujourd'hui un témoignage bien autrement authentique dans le curieux récit fait par Montaigne lui-même de son emprisonnement à la Bastille, inscrit dans les Éphémérides, par conséquent nous n'en sommes plus à chercher les preuves ; mais, à cette occasion, M. Grün parle d'une lettre autographe de Montaigne que je possède et qui est, sans aucun doute, de cette année, et, à ce sujet, il trace ces *incroyables lignes!* « Son interprétation » a donné lieu a trop de discussions et permet trop de doutes » pour qu'il soit prudent d'invoquer ce document. » Où M. Grün a-t-il vu, je ne dis pas *trop de discussions*, mais *l'ombre d'une discussion*, sur l'interprétation historique de cette pièce? Au contraire, chose remarquable ! lors de la contestation sur l'authenticité, on se basa uniquement sur la présence du mot passeport, qu'on disoit ne point exister alors (il se trouve sept fois dans l'ordonnance d'institution des postes, 120 ans auparavant), pour établir que c'étoit une pièce apocryphe, mais personne, *peu ou prou*, de près ou de loin, n'a attaqué le contexte de la lettre ; on ne s'en est pas occupé. En la publiant, j'ai hasardé quelques explications sur les faits et les personnages auxquels elle fait allusion, et pas plus alors qu'antérieurement le texte de cette lettre n'a été mis en doute. En quelques mains qu'ultérieurement cette pièce se trouve, elle donne des renseignements importants qu'on ne rencontre pas ailleurs, et je ne vois pas dans quel intérêt M. Grün, qui ne l'a jamais touchée, veut la frapper d'interdiction.

La possession n'exerce sur moi aucune influence, car, lorsque j'ai acquis cette lettre, j'avois de grands doutes sur son authenticité, non comme émanation de Montaigne, elle me paraissoit inattaquable, mais comme autographe. Quelques soupçons, démentis depuis, me faisoient croire que ce pouvoit être un calque, et, lorsque je l'ai publiée, je n'avois pu revoir l'original, et je ne l'ai jugée que sur le fac-simile, compromis, de Mme Delpech.

M. Lapeyre, qui s'est beaucoup occupé de cette lettre et qui regarde comme incontestable la date de 1588, ajoutée dans le temps, l'a étudiée au point de vue historique, et sa conviction est inébranlable. *Les deux frères morts* sont évidemment Anne et Claude de Joyeuse, tués à Coutras. *Les corps sont à Montresor* ; c'est là qu'ils ont été inhumés, et le grand-père étoit seigneur de cette petite ville ; *les dames éplorées* sont : la mère, Marie de Batarnay et la femme d'Anne, Marguerite de Lorraine ; le comte de Thorigny étoit parent de Joyeuse, c'est pour cela qu'il va consoler *ces dames*. Montaigne dit au maréchal de Matignon : *Vous avez su....* parce que Thorigny, son fils, lui avoit écrit, etc., etc. Il est donc très important de maintenir l'intégrité de cette lettre, précieuse par ses renseignements et jugée d'une authenticité incontestable par les hommes les plus compétents.

Je m'arrête, et si j'ai été long, la faute en est à Montaigne et à M. Grün : on s'attarde aisément en aussi bonne compagnie. Pour terminer, je résumerai, en les classant, les renseignements les plus importants insérés dans cet article, soit qu'ils se rapportent à des lacunes ou à des erreurs.

Ce travail donc remet au jour ce qu'on a écrit sur l'origine et l'étymologie du nom d'Eyquem. — Page 11.

Il fournit un renseignement sur la manière dont on prononçoit, au moins à Paris, le nom de *Montaigne*. — Page 10.

Il prouve qu'au XVe siècle les Eyquem étoient marchands. — Page 41.

Il fixe l'époque vers laquelle la terre de Montaigne est entrée dans la famille et par conséquent celle de l'anoblissement. — Page 43.

Il établit que Pierre Montaigne n'étoit pas étranger aux lettres. — Page 45.

Il donne la première liste exacte, je le crois au moins, des enfants de Pierre Eyquem. — Page 48.

Il réfute M. Grün dans ses erreurs d'appréciation sur le caractère de Montaigne. — Page 14.

Il présente à diverses époques l'importance de la terre de Montaigne. — Page 33.

Il complète ce qui a rapport au patronage de Lahontan. — Page 36.

Il fait connoître un fait généralement ignoré, le *droit de litre*, sur l'église des Feuillants de Bordeaux. — Page 37.

Il répare l'omission faite par M. Grün au sujet de la bourgeoisie de Libourne, possédée par Montaigne. — Page 39.

Il fait connoître une traduction manuscrite des lettres de bourgeoisie romaine. — Page 58.

Il rappelle le fait, révélé par les Éphémérides, que Montaigne a été gentilhomme de la chambre du roi de Navarre.—Page 34.

Il fait connoître que Mattecoulon a été gentilhomme de la chambre du roi de France. — Page 33.

Il discute le reproche adressé à Montaigne d'avoir manqué à son devoir à la fin de sa mairie. — Page 21.

Il constate la présence de Montaigne au parlement de Paris, avec voix délibérative. — Page 30.

Il rectifie l'erreur d'un d'Elbène, ambassadeur à Rome, en 1580. — Page 51.

Il rétablit la vérité sur la lettre autrefois possédée par Mme de Castellane. — Page 52.

Il explique et justifie le passage des Essais dans lequel Montaigne dit qu'il a reçu la majesté royale en sa pompe.—Page 17.

Il fait connoître le nom du village où Montaigne a passé ses premières années. — Page 33.

Il fixe invariablement le nom jusqu'ici ignoré du Montaigne, qui a été secrétaire de Catherine de Médicis, lequel n'est ni Michel, comme on l'avait cru, ni Jacques, comme l'a pensé M. Grün. — Page 10.

Il réfute l'erreur de M. Grün relativement à l'époque de la mort du sieur de *Saint-Martin*. — Page 49.

Un dernier mot : M. Grün n'est pas de l'avis du poète Callimaque (1); il a voulu faire un gros livre, mais il n'y est parvenu qu'en accumulant des extraits, des citations, dans une proportion telle, que l'ouvrage est devenu l'histoire du temps et du pays de Montaigne, plus que celle de Montaigne lui-même. Quelques pages neuves et substantielles, un très petit nombre de pièces nouvelles, mais l'une d'elles intéressante au premier chef, des aperçus nouveaux, parmi lesquels compte l'attribution des avis à Henri III, si elle se confirme, au lieu de Charles IX, BIEN QUE CELA NE TOUCHE PLUS dorénavant LA VIE DE MONTAIGNE, et le résumé chronologique, montrent ce que M. Grün auroit pu faire, s'il avoit su s'arrêter à ce qu'il étoit possible de bien faire; mais après avoir rassemblé de nombreux matériaux en étudiant les Essais avec une rare sagacité, en fouillant avec une ingénieuse persévérance l'histoire générale et l'histoire locale, M. Grün a laissé subsister dans son livre trop de traces de son travail; il a imité un architecte qui, après avoir terminé un édifice, laisseroit debout l'échafaudage qui auroit servi à le construire. On peut dire même qu'il a négligé le principal pour l'accessoire, et, chose étrange! c'est par cette portion surabondante de son livre que l'ouvrage vivra, si, comme je le crois fermement, il a de l'avenir. Les erreurs, les lacunes regrettables qui le déparent feront bientôt reconnoître que les faits biographiques, les jugements qu'il contient ne peuvent être acceptés qu'avec réserve et après vérification; mais un lecteur sérieux qui voudra lire avec fruit, approfondir, comprendre Montaigne, trouvera dans l'ouvrage de M. Grün un ensemble de renseignements qu'il chercheroit péniblement aux sources : c'est une introduction, une préparation utile à la lecture des Essais; je ne sais si c'est là le genre de succès qu'a ambitionné M. Grün, mais je me trompe fort ou c'est celui qu'il obtiendra.

Mais les devanciers de M. Grün ont le droit de se plaindre qu'il ne leur a pas suffisamment rendu justice (2). Il n'a pas

---

(1) Τό μεγα βιβλίον ἴσον τῶ μεγάλω κακῶ.

(2) Je ne sais même pas si M. Grün est juste pour ses collaborateurs; il

apprécié ce qu'on savoit ou plutôt ce qu'on ne savoit pas sur Montaigne, il y a seulement vingt ans, alors qu'on ignoroit comment étoit figurée sa signature, alors qu'Aimé Martin, *l'homme spécial*, refusoit un volume, parce qu'il portoit au frontispice MOTAIGNE, alors qu'on payoit les exemplaires des Essais autant de francs qu'aujourd'hui on les paye de fois 100 fr. Il a fallu les efforts réunis et divers de MM. Villemain, Biot, Jay, Victorin Fabre, Leclerc, Droz, Dutens, Mazure, Bourdic-Viot, Naigeon, Guizot, du Roure, Vincens, Johanneau, Labouderie, Amaury Duval, Gence, et, dans un autre ordre d'idées, les recherches de MM. Buchon, Macé, Jubinal, Vieil-Castel, d'Etcheverry, Jouannet, Delpit, Lapeyre, Brunet, Lamothe, etc., pour arriver à rassembler une somme de matériaux, non pas suffisante pour construire la biographie, encore impossible, de Montaigne, mais pour comprendre la nécessité de nouvelles recherches et apprécier les résultats qu'elles devoient produire. Dans ces conditions, les hommes les plus scrupuleux ont dû se tromper souvent, et M. Grün s'est trop complu à faire l'histoire de leurs erreurs. Séduit par des richesses apparentes, M. Grün a cru que le moment étoit venu de les mettre en œuvre; son livre prouve qu'il s'est trompé. Alors qu'il le publioit, les Éphémérides de Montaigne venoient en montrer les erreurs et les lacunes : M. d'Etcheverry trouvoit des lettres nouvelles et le complément d'une remontrance, que publioit M. Dosquet; plus tard, M. Delpit publioit une nouvelle remontrance bien plus considérable que la première (1); le regrettable M. Parison dotoit le monde littéraire, et on peut dire Montaigne lui-même, d'une admirable page; M. Tross nous rapportoit d'Allemagne un volume qui constate l'intimité de Montaigne avec Loisel. Le

---

dit, au sujet de la protestation faite contre la réélection de Montaigne : « SUR MES INDICATIONS, *l'avis du Conseil d'État et les Lettres patentes du « roi ont été trouvés aux Archives de la ville de Bordeaux.* » Jusqu'ici j'avois cru qu'en beaucoup de choses, mais surtout quand il s'agit des Archives qui lui sont confiées, c'étoit M. d'Etcheverry qui *donnoit les indications*.

(1) Voir aux pièces additionnelles.

moment n'étoit donc pas venu d'entreprendre une œuvre frappée de caducité avant que de naître.

Pour mon compte, je puis dire que la dernière année m'a plus appris de choses nouvelles que les dix qui l'avoient précédée, et, en outre des renseignements historiques que je dois surtout à M. Lapeyre, des notes généalogiques à M. de Cazenave, des renseignements bibliographiques et philologiques à M. Brunet, des pièces officielles, des actes notariés dont je dois plus de 50 copies ou analyses à l'infatigable M. Delpit, je sais encore *plusieurs centaines de pièces* dont le dépouillement est à faire ; en ce moment même M. le vicomte de Gourgues annonce la publication de plusieurs de ces actes. Quel écrivain pourroit se décider à entreprendre une biographie sans profiter de pareils matériaux ? C'est donc en connoissance de cause et non par la négligence dont les accuse M. Grün, que les admirateurs de Montaigne n'ont encore rien entrepris de définitif.

La voie que M. Grün vient de parcourir, d'une manière plus brillante qu'il ne semble le croire, avoit été ouverte avant lui par Buchon, MM. Macé, Jubinal, d'Etcheverry, Vieil-Castel, etc., qui avoient senti le vide de cette partie de la vie de Montaigne, par Jay, qui publioit les Avis, les croyant l'œuvre du philosophe, par Victorin Fabre, à qui le rapporteur du concours de 1812 reprochoit d'avoir « *déparé les beautés du premier* « *ordre répandues dans son ouvrage.... en donnant à la vie pu-* « *blique de Montaigne plus d'importance que l'histoire ne* « *l'autorisoit à y en attacher.* » La part de M. Grün est assez belle pour qu'il ne s'attribue pas le mérite de l'initiative qui ne lui appartient pas ; ce qu'il appelle la vie publique de Montaigne avoit été ébauché avant lui, et la biographie de l'auteur des *Essais* reste à faire encore après M. Grün.

Janvier 1856.

NOTA. Cet article, inséré d'abord dans le *Bulletin du Bibliophile* (Janvier — février, *1856*), a subi depuis quelques modifications (Voy. Duras, page 46).

PIÈCES ADDITIONNELLES.

J'ai cru devoir reproduire ici deux pièces qui ne sont pas sans importance, et que j'ai mentionnées dans le cours du travail qui précède :

I.

Remontrance de la jurade de Bordeaux, adressée au Roi, en 1583, pendant la mairie de Michel Montaigne.

AU ROY.

Sire,

Les Maire et Jurats Gouverneurs de vostre ville et cité de Bourdeaulx vous remonstrent tres humblement que ores que cy devant, tant pour eulx que pour les habitants de la seneschaussée de Guienne, les tous vos tres humbles et naturels subiects, ils aient faict entendre bien au long aulx sieurs commissaires deputées par Votre Maiesté, au pais et duché de Guienne leurs plainstes et doléances concernant les foulles et surcharges qu'ils ont souffert et souffrent journellement, ausquelles ils s'asseurent que Vostre Maiesté uzant de sa débonnaireté et inclination Royalle et paternelle pourvoiera sy prudamment et avec telle equitté que le repos universel de ce royaulme et soulagement des habitants d'icelluy s'en ensuivra. Touteffois de tant que despuis le départ desdicts sieurs commissaires, nouvelles occasions et accidents sont survenus à la grande foulle du peuple et que l'expérience maistresse des chozes a faict cognoistre plus a clair combien les nouveautés en tous estats sont pernicieuses, il plairra a Vostre Maiesté prendre en bonne part que lesdicts Maire et Jurats en adjoustant a leurs dictes premieres remonstrances et doleances vous representent avec toutte humillitte certains articles concernant le bien de vostre service et soullagement de vos subiects, affin que par mesme moien ils recoivent le fruit et allégemens qu'il vous plaira leur impartir de vostre clemence et misericorde a laquelle seulle, apres Dieu, ils ont recours.

Et en premier lieu, jacois que par les ordonnances anciennes et modernes de Votre Maiesté conformes à la raizon, toutes impositions doibvent estre faites esgalement sur toutes personnes, le fort portant le foible, et qu'il soit tres raizonnable que ceulx qui ont les moiens plus grands, se ressentent de la charge plus que ceulx qui ne vivent qu'avec hazard et de la sueur de leur corps, touteffois il seroit advenu, puis quelques années et mesme en la présente, que les impositions qui auroient esté faictes par vostre auctorité, oultre le taillon et cents et gaiges des presidiaulx tant pour les extinctions de la traicte foraine et subvention, reparation de la tour de Cordoan, paiement de la chambre de justice et frais de l'armée de Portugal, suppression des esleus, que reste des années precedentes, les plus riches et oppullentes familles de la dicte ville en auroient esté exemptes pour le privillege prétendu par tous les officiers de justice et leurs veufves, officiers de voz finances, de l'élection, vissénéchaulx, lieutenans, officiers de la vissénéchaussée, officiers domestiques de Vostre Maiesté et des Roy et Royne

---

1. Découverte par M. d'Etcheverry, archiviste de la mairie de Bordeaux, cette pièce a été publiée par M. Delpit dans *le Courrier de la Gironde* du 21 janvier 1856.

de Navarre, officiers de la chancellerie, de la monoye, de l'artillerie, mortepaies des chasteaux et avitailleurs d'iceulx ; et d'aboundant, par arrest de vostre cour du parlement sollennellement prononcé le sixiesme jour d'apvril de la présente anne, tous les enfants des présidens et conseillers de vostre cour auroient esté déclarés nobles et non subjets a aucune imposition. De façon que desormais quand il conviendra impozer quelque dace ou imposition, il fauldra quelle soit portée par le moindre et plus pouvre nombre des habitans des villes, ce qui est du tout impossible, sy par Votre Maiesté il ni est pourvu de remedes convenables, comme lesdits maire et jurats l'en requierent très humblement.

Plaira aussy à Votre Maiesté considerer que ores que les sommes destinées pour la reparation de la tour de Cordoan quelques soit, la plus grande partie dicelles ayent esté levées et mizes en mains de vostre receveur général, ce néantmoins il n'a esté encore aucunement touché à la dicte reparation ny pourveu aux préparatifs d'icelles, comme la nécessité le requeroit. Et de tant que l'argent destiné pour cest effect, pourroit estre employé ailleurs au grand préjudice du public, plaira à Votre Maiesté ordonner inhibitions estre faictes aux sieurs trézoriers générauix et receveurs susdicts de ordonner desdictes sommes ou jcelles employer ailleurs que a l'effect auquel elles sont destinées : scavoir est, à la dicte reparation pour quelque cause et occasion que ce soit, et que le réglement establly par ces lettres-patentes de Votre Maiesté, sur la distribution desdicts deniers. Scavoir est qu'elle sera faicte par ung des sieurs presidents de la Cour du parlement, ung desdicts sieurs trésoriers, et le Maire de la dicte ville ou a son défault ung desdicts Jurats, sera gardé et observé selon sa forme et teneur. Et néantmoins, afin que le commerce ne soit retardé et vos droits diminués pourvoir que au plustost il soit proceddé à la dicte réparation sellon les moyens qu'il vous a pleu y establir.

Par les privilleges octroiés par les rois très chrestiens à la dicte ville et confirmés naguère par Vostre Maiesté, la cognoissance et provision des maistrizes de tous artizans et pollice concernan lesdicts statuts qui sont enregistrés en la dicte ville appartient aux dicts Maire et Jurats, lesquels en ont cogneu de tous temps paisiblement et sans contredict, jusques a present. Comme par mesme moyen de l'institution des taverniers et cabaretiers jurés et érigés en estat pour vendre du vin en ladicte ville, de façon que c'est ung des principaulx membres du domaine d'ycelle. Ce néanmoins aucuns désirans remettre parmi lesdits artizans tout desordre et confusion et faire perdre a la dicte ville et habitans d'jcelle sa liberté de vendre vin qui est leur seul revenu et sans lequel ils ne peuvent supporter les charges ordonnées par Vostre Maiesté, auroient treuvé moien d'obtenir des Édits pour rendre venales lesdictes maistrises, ensemble la liberté de vendre vin, en erigeant de nouveaux estats de taverniers et cabaretiers, qui est directement contre la teneur desdicts privillèges, confirmés naguère par Vostre Maiesté et contre la déclaration expresse de Vostre Maiesté octroiée en faveur desdicts Maire et Jurats pour le regard desdicts taverniers, du vingtuniesme décembre 1556, vérifiée en vostre cour de parlement. Ce qui reviendroit à la totale rûyne et subversion desdicts habitants, Sy par vostre débonnairetté il n'y est pourveu, et sy lesdicts Édits obtenus par circonvention et impression grande, comme il est a présumer, ne sont révoqués et de nul effect, comme lesdicts Maire et Jurats et habitans vous requierent et supplient très humblement.

Comme par la justice les Rois regnent et que par jcelle, tous estats sont maintenus, Aussy il est requis quelle soit administrée gratuitement et à la moindre foulle du peuple que faire ce peut. Ce que Vostre dicte Maiesté cognoissant tres bien et desirans retrancher la source du principal mal auroit par son édict très sainct, prohibé toute vénallité d'offices de judicature toutesfois pour l'injure du temps, la multiplication des officiers seroit demeurée, en quoy le pauvre peuple est grandement travaillé, et mesmes en ce que puis ung an en ça les clercs des greffes en la dite ville et Sénéchaussée auroient esté érigés en tiltre d'office avec augmentation de Sallaire, et ores que du Commencement jl n'y eûst apparance de grande altération au bien publiq, touteffois il a esté cogneu despuis et se veoid journellement que c'est une des grandes foulles et surcharges au pauvre peuple qu'il ait souffert pieça : d'aultant que ce qui ne coustoit que ung sol en couste deux, et pour ung greffier qu'il falloyt paier, il en fault paier trois, scavoir est : le greffier, le clerc, et le clerc du clerc ; de fasson que les pauvres comme n'ayants le moien de satisfaire a tant de despences sont contraincts le plus souvent quicter la poursuicte de leurs droicts et ce qui debvroit estre employé a l'entretenement de leurs familhes ou a subvenir aux nécessités publiques est par ce moien, desbourcé pour assouvir l'ambition de certains particulliers Au doumaige du publiq.

Sur les différents intervenus entre lesdicts Maire et jurats et les cappitaines des chataus de Vostre ville tant sur le faict des gardes et rondes que des uzurpations par eulx faictes de certaines places appartenantes a la dicte ville, Monsieur de Matignon mareschal de France auroit renvoié par devers Vostre Maiesté toute la proceddure qui, sur ce, auroit esté faicte, par laquelle la justice de la cause desdicts Maire et Jurats est clairement justifiée, et d'aultant que cest affaire est encore indecis et que la surceance porte préjudice au bien de vostre service et droicts qu'il vous a pleu de tout temps conserver à la dicte ville, plairra à Vostre dicte Maiesté, Au plus tost, bailler tel reglement entre les parties que a l'advenir, chascun fasse librement ce qui est de sa charge et function, et que toutes chozes soient remizes en l'estat premier et ancien ; sans altération de uostre auctorité souveraine et des droicts et prééminences de vostre ville.

Et de tant que la misere du temps a esté si grande puis le malheur des guerres civilles, que pluzieurs personnes de tous sexes et qualités sont réduicts, à la mendicitté, de façon que on ne veoid par les villes et champs, qu'une multitude effrennée de pouvres, ce qui n'adviendroit sy l'edict faict par feu de bonne memoire le Roy Charles, que Dieu absolve, estoit gardé : contenant que chasque paroisse seroit tenue nourrir ses pauvres, sans qu'il leur feut loysible de vaguer ailleurs ; A ceste cause pour remedier, a tel désordre et aux maulx qui en surviennent journellement, plairra à Vostre Maiesté ordonner que le dict edict, qui est verifié en voz cours de parlement, sera estroictement gardé et observé, avec injonction à tous sénéschaulx et juges des lieux, de tenir la main a l'observation d'Icelluy, et que en oultre les prieurs et administrateurs des hospitaulx, lesquels sont la plus part, de fondation royalle Qui sont dediés pour la nourriture des pellerins allant à St-Jacques et aultres dévotions, soient contraincts sur peyne de saisie de leur temporex, norrir et heberger lesdicts pellerins, pour le temps porté par ladicte fondation ; sans qu'ils soient contraincts aller mandier par la ville, comme il se faict journellement, au grand scandalle d'un chascun.

Suppliant très humblement Vostre Maiesté recevoir en bonne part les susdictes remonstrances que lesdicts Maire et Jurats pour le debvoir de leurs charges et offices, vous présentent avec toute humillité. N'estant meus d'aultre zelle que du bien de vostre service, et de la commiseration qu'ils doilvent avoir du pouvre peuple, lequel en attendant le soullahement de ces maulx de foulles, tant espéré et promis par Vostre Maiesté est en perpetuelles prières, pour vostre prosperité, et accroissement de vostre estat, avec ferme resolution eulx et nous, d'employer nos biens et ce peu qui nous reste de moiens, pour vostre service et manutention de vostre ville souz vostre obeissance,

Faict à Bordeaulx en jurade le dernier de aoust mille cinq cens quatre-vingt-trois (1).

(Signé) MONTAIGNE.

DALESME, GALOPIN, Pierre REGNIER,
DE LAPEYRE, CLAVEAU.

---

(1) Ce même jour, les mêmes signataires passoient avec Louis de Foix un contrat pour la réédification de la Tour de CORDOUAN. (M. de Gourgues).

II.

TRANSLAT AUTHENTICQ DE CERTAINES LETTRES PATENTES DU SACRÉ SÉNAT ET PEUPLE ROMAIN OCTROYÉES AU TRÈS ILLUSTRE HOMME SEIGNEUR MICHEL DE MONTAGNE, CHEVALIER DE SAINT-MICHEL ET GENTILHOMME DE LA CHAMBRE DU ROI TRÈS-CHRÉTIEN,

Par lequel est déclaré que le devant dit seigneur at esté créé citoyen noble et patricien romain, ensemble avec tous ses enfants, descendants et successeurs en infiny, etc., etc., comme plus amplement cy dedans ès dits lettres est contenu (1).

NOUS, SEIGNEURS ANTONIUS COLUMNA, JOSEPH DE COMITIBUS, RUBERT URSINUS, CONSERVATEURS DE LA CHAMBRE DE LA CHEF-VILLE,

A touts et chascuns qui ces nostres lettres verront et liront faisons foy et attestons comme dans les livres de l'illustre peuple romain, gardé dans l'hostel du Capitole et reposants soubs le greffier du sacré sénat (auxquels anciennement estoient et encore à présent sont annotées et enregistrées les décretz que le sacré sénat est accoustumé de donner aussy bien que les noms et surnoms de ceux qui estants très affectionnés au nom romain et très dignes à cause de la réputation et splendeur de leur famille par les

---

(1) Cette pièce n'a été encore, que je sache, mentionnée que par HAENEL. dans son *Catalogue des manuscrits* qui se trouvent dans les principales bibliothèques d'Europe. L'article qui la concerne est ainsi conçu : « *Lettres « patentes du sénat et peuple romain par lesquelles Michel de Montaigne « est créé citoyen noble et patricien romain.* » Cette rédaction avoit fait croire à quelques personnes que cette pièce étoit l'original de la bulle de bourgeoisie ; il n'en est rien : c'est tout simplement la traduction d'une *expédition* délivrée un siècle plus tard à quelque collatéral.
Ce qui porte à penser que c'est un neveu qui a dû *commander* cette traduction, c'est l'interprétation donnée au mot unique qui, dans le latin, désignoit la descendance de Montaigne ; en effet, l'acte original porte *ipsum posterosque*, la version françoise paraphrase et dit : *ensemble avec tous ses enfants, neveux, descendants, et successeurs en perpétuité et en infini*. Cette expédition, d'ailleurs, n'a été faite qu'un siècle après l'obtention du titre par Montaigne : ce qui explique la différence de noms des fonctionnaires ; enfin, le traducteur, après avoir donné à ce qui se rapporte à la descendance une extension que le texte ne comportoit pas, supprime les phrases les plus honorables pour Montaigne, celles que l'héritier du sang auroit respectées par-dessus tout : « In quo censere senatum P. Q. R. se « non tam illi jus civitatis largiri quam debitum tribuere, neque magis be- « neficium dare quam ab ipso accipere, qui hoc civitatis munere accipiendo « singulari civitatem ipsam ornamento atque honore affecerit. »
Tout ce qui précède semble donc bien désigner un neveu qui aura voulu s'adjuger le bénéfice de la bourgeoisie, et j'ai fait remarquer que les armes qui sont en tête de ce petit in-4° portent les mêmes pièces que celles de Montaigne, mais disposées d'une manière différente ; la devise même qui fait allusion au nom de *Montaigne* est autre (la vertu veult monter). Il y a donc en ce point un petit mystère de famille à éclaircir.
Cette pièce se trouve à la bibliothèque de l'Arsenal.

mérites de leur propre vertu et excellents en vertu et noblesse, on sçavoit et sçait avoir rendu, ou estre capable de rendre un jour des grands services et servir d'ornement à nostre république par le haut jugement et bonne affection du sénat et peuple romain à l'exemple et appuyé par l'autorité de ces ancêtres par une coustume digne d'estre imitée, et observée, estoient, et le temps présent sont, crées citoyens romains reçues en la ville de Rome et donnés et honorés des droits et privilèges de la même ville). On trouve que le xiij° jour du mois de mars de l'an de la fondation de la ville ij^m iiij° trent et un, de la nativité de Nostre Seigueur xv° quatre-vingt et un, entre les devants dits citoyens romains excellents en vertu et noblesse en semblable manière at esté admis, associé, annoté et reçeu par la munificence de la ville comme citoyen romain, le très-illustre homme seigneur Michel de Montague, chevalier de Saint-Michel et gentilhôe de la chambre du roi très-chrétien, très-affectionné au nom romain, très-digne par la réputation et splendeur de sa famille, par les mérites de ses propres vertuz et très-cher à cest illustre peuple, etc., ensemble avecq touts ses enfants, nepveux, descendants et successeurs en perpétuité de manière que lui et tous ses devant dits successeurs en infiny, sont et doivent estre ornés et donnés de tous privilèges, grâces, immunitez, rémunération, honneurs et prérogatives accoustumés dont usent, jouissent et lesquels ont ou possèdent tous ceux qui sont nés ou crées de très bon droit citoyens, nobles et patriciens romains, comme il appert plus amplement ès dits livres auxquels, etc. En foy et tesmoignage desquelles choses avons fait depescher ces présentes, nos lettres testimoniales, les séeller du séel accoustumé de la ville et signer par le greffier du sacré sénat et peuple romain, du Capitole, l'an de la fondation de la ville ij^m iiij° quarant et un et de la redemption du monde xvi° quatre vingt et noeuf, le vij° jour du mois de may et estoient les dittes lettres soubsignées Sanctis Randaninus, sacri senatus populique romani scriba et séellées du séel de la ditte chef-ville de Rome y imprimé en hostie vermeille couvert de papier.

Au dos estoient escrites côe s'ensuit :

Au nom de Notre Seigneur, amen. Par ce présent instrument publicq de reconnoissance, demain apparoisse partout à un chascun évidemment et soit notoire que l'an de la nativité salutaire du mesme Ntre seigneur Jésus-Christ xvi° quatre-vingt et noeuf, l'indiction xij, le xiiij jour du mois de may et du pontificat du très sainct Père en Dieu et Notre seigneur seign^r Innocent par la providence divine, pape onziesme, l'an xiij°, en présence de moy, etc., et des témoings, etc., présent et personnellement comparant, le cy derrière soubsigné très illustre seign^r Sanctis Randaninus, greffier du sacré sénat et peuple romain, à moy, etc., bien cognu, at sans constrainte, etc., et en toutte meilleure manière, etc., par serment ayant touché, etc., recognu comme il recognoit, etc., sa main, lettres, caractère, soubscription, cy derrière soubscrits avecq le seel respectivement en forme et at par semblable serment affirmé toutes et chascunes choses contenues dans les cy derrière escrites lettres testimoniales avoir esté et estre vrayes et ainsy, etc., non-seulement, etc., mais en toutte, etc., sur quelles choses devant dittes at esté requis de moy notaire publicq soubsigné que je metteray en forme ce présent instrument publicq de recognoissance de main comme je l'ay mise en forme et baillé à ce ayant esté requis et prié. Fait à Rome dans l'hostel du Capitole, en présence, etc., des sieurs Antoine Maria Franceschetto, fils de feu Jean-Baptiste, et Ambroise Ursino, fils de Jean-Francois Ambedeux. Romains, comme tesmoings à toutes et chascunes choses devant dittes appellez et spécialement requiz, etc.

Embas estoient escrit et soubsigné côe s'en suit :

Pour le s^r Jean Maria Antonetto Sabino, notaire publicq, des causes de l'hostel du Capitole ay je Bartholomé Antonettus admis en son office de notaire par l'autorité apostolique soubsigné et publié ce présent instrument à ce ayant esté requis en foy, etc., et estoient cachetté en la marge du cachet du susdit s¹ Jean Maria Antonettus, notaire publicq des causes de l'hostel du Capitole y imprimé.

Plus bas estoit escrit comme s'en suit :

Nous, à présent conservateurs de la chambre de la chef-ville, à tous faisons foy et attestons que le susdit sieur Jean Maria Antonettus, aux choses devant dittes requis at esté et est notaire publicq, authentique, leal et digne de foy, et que le susdit s¹ Bartholomé Antonettus qui pour luy s'at soubsigné et publié l'instrument cy devant mis et le respectif cy derrière soubsigné sieur Santis Randaninus sont tels qu'ils se qualifient et qu'à leurs escrits publicqs aussy bien que privés et à ceux semblables et tous jours esté donné et se donne encore entière et indubitable foy, etc., en foy desquelles choses, etc. Donné à Rome de nostre hostel du Capitole ce quatorziesme jour du mois de may de l'an XVI° quatre-vingt et noeuf.

Embas estoit escrit pour le s¹ secrétaire, S¹ S¹ le notaire du college de l'hostel du Capitole soubsigné Æmilius Zettus ejusdx curiæ N. etc., et seellé en la marge du seil de la sus ditte chef-ville de Rome y imprimé en hostie vermeille couvert de papier.

Ceste copie translatée de son originel couché en langue latine, escrit en parchemin, daté, signé, seellé et cacheté comme dessus est trouvée avecq icelluy accorder en substance et selon le sens par moy Matthias Vander Spict, notaire et tabellion publicq, admis par le souverain conseil de sa Majesté Catholique ordonné en son pays et duché de Brabant, résident à Bruxelles, ce dix-huictième jour du mois de janvier de l'an XVI° nonant et deux

Quod attestor.

M. Vander Spict, nota.

Nous bourgemaistres eschevins et conseil de la ville de Bruxelles, certifions et attestons par cestes à tous ceux qu'il appartiendrat, que M¹⁰ Mathias Vander Spict ayant translaté, autenticqué et signé l'instrument cy devant escrit est notaire publicq leal et fidel et qu'aux escrits par luy ainsy signés l'on donne entière foy et créance tant en jugement que dehors. En foy de quoy avons fait signer ceste par un de nos secretaires et seeler du seel de la d° ville. Fait le dix noeufiesme jour du mois de janvier de l'an XVI° nonant et deux.

(Signature masquée par le timbre de la Bibliothèque.)

On trouve le texte de la bulle romaine dans toutes les éditions des *Essais* (liv. III, ch. IX), mais il est assez surprenant que les éditeurs qui ont donné la traduction des citations en langues étrangères n'aient pas eu l'idée de traduire cette pièce ; M. Grün ne le fait pas non plus ; seul, M. Leclerc a comblé cette lacune, et je ne crois pouvoir mieux faire que de reproduire ici sa traduction qui fera d'autant mieux ressortir l'*infidélité de l'amplification* qu'on vient de lire.

« Sur le rapport fait au sénat par Orazio Massimi, Marzo Cecio, Alessandro Muti, conservateurs de la ville de Rome, touchant le droit de cité romaine à accorder à l'illustrissime Michel de Montaigne, chevalier de l'ordre de Saint-Michel et gentilhomme ordinaire de la chambre du roi très-chrétien, le sénat et le peuple romain a décrété :

« Considérant que par un antique usage ceux-là ont toujours été adoptés parmi nous avec ardeur et empressement qui, distingués en vertu et en noblesse, avoient servi et honoré notre république ou pouvoient le faire un jour : nous, pleins de respect pour l'exemple et l'autorité de nos ancêtres, nous croyons devoir imiter et conserver cette louable coutume. A ces causes l'illustrissime Michel de Montaigne, chevalier de l'ordre de Saint-Michel et gentilhomme ordinaire de la chambre du roi très-chrétien, fort zélé pour le nom romain, étant par le rang et l'éclat de sa famille et par ses qualités personnelles, très-digne d'être admis au droit de cité romaine par le suprême jugement et les suffrages du sénat et du peuple romain; il a plu au sénat et au peuple romain que l'illustrissime Michel de Montaigne, orné de tous les genres de mérite et très cher à ce noble peuple, fût inscrit comme citoyen romain, tant pour lui que pour sa postérité, et appelé à jouir de tous les honneurs et avantages réservés à ceux qui sont nés citoyens et patriciens de Rome, ou le sont devenus au meilleur titre. En quoi le sénat et le peuple romain pense qu'il accorde moins un droit qu'il ne paye une dette, et que c'est moins un service qu'il rend qu'un service qu'il reçoit de celui qui, en acceptant ce droit de cité, honore et illustre la cité même. Les conservateurs ont fait transcrire ce sénatus-consulte par les secrétaires du sénat et du peuple romain, pour être déposé dans les archives du Capitole, et en ont fait dresser cet acte muni du sceau ordinaire de la ville, l'an de la fondation de Rome 2331, et de la naissance de J.-C. 1581, le 13 de mars. »

Orazio Fosco,
Secrétaire du sacré sénat et du peuple romain;

Vincente Martoli,
Secrétaire du sacré sénat et du peuple romain.

Emplacement de l'habitation de Montaigne, à Bordeaux, devant le fort du Hâ.

Imprimerie Maulde et Renou, rue de Rivoli, 144.

M. Grün, qui a enduré patiemment vingt articles insérés dans les journaux politiques ou les Revues les plus répandus, articles qui ont passé sous les yeux de plus d'*un million* de lecteurs, articles dans lesquels la louange a dépassé les limites du possible et de l'hyperbole, M. Grün n'a pû supporter avec la même résignation l'examen assurément fort modéré que j'ai fait de son livre, examen que j'ai confié à un recueil qui s'adresse à *quelques centaines* d'amateurs, et dans lequel j'avois fait abandon complet de mes griefs personnels, ce qui ne veut pas dire que je n'en eûsse pas à produire.

M. Grün a cru devoir adresser au *Bulletin du Bibliophile* une lettre trop caractéristique pour que je ne lui donne pas la plus grande publicité. Il s'agissoit de son ouvrage, il parle de mes publications, de ses erreurs, il parle des miennes, j'ai regretté l'emploi qu'il a fait d'un incontestable talent, il me dit jaloux, et tout cela après m'avoir écrit peu de jours auparavant au sujet de ce même article : « *Je suis moins flatté de vos éloges que satisfait de vos critiques, on m'a parlé avec plus de bienveillance, on ne m'a rien dit d'aussi utile.... vous avez signalé des erreurs de fait et comblé des lacunes importantes....... Enfin, ce qui achève de me prouver que j'ai eu raison,* (d'écrire la vie de Montaigne) *c'est que si je n'avois pas fait mon livre vous n'auriez pas fait votre article.* » Evidemment quelqu'ami malveillant de M. Grün a jeté à son insçu du fiel...... dans son écritoire !

Voici la lettre en question :

Monsieur,

Vous avez publié, dans le dernier numéro du *Bulletin du Bibliophile*, un article où M. le docteur Payen décharge toute une année de mauvaise humeur contre l'ouvrage que j'ai eu la témérité de publier sur Montaigne, et qui a eu le tort de réussir. Je refuterai en temps et lieu celles de ses critiques qui méritent une réponse; mais je dois protester immédiatement contre un de ses reproches, que ne me feront certes pas ceux qui auront lu mon livre. Pour ceux seulement qui ne me connoissent pas, j'ai besoin de déclarer que j'ai rendu pleine justice aux auteurs qui se sont occupés de Montaigne avant moi. J'ai proclamé et je répète que, sans leurs travaux, je n'aurois eu ni la liberté ni même la pensée de faire mon ouvrage ; j'ai cité tous les écrits de quelque valeur dont j'ai eu connoissance. Il est vrai que j'ai eu l'occasion de relever de nombreuses erreurs ; au lieu de s'en plaindre, M. Payen devroit m'en remercier. Son amour pour Montaigne et pour la vérité me fait regretter de n'avoir pas signalé tous les endroits où il s'est trompé (1); c'est un service que, le moment venu, je lui rendrai complètement.

Veuillez agréer l'expression de mes sentiments distingués,

A. Grün.

(1) Il faut avoir une foi bien robuste dans l'*indifférence* de son lecteur pour l'entretenir des erreurs des autres, quand soi-même on lui en a pré-

J'ai adressé au Bulletin les lignes suivantes :

Le dernier numéro du Bulletin contient deux lettres relatives à l'article que j'ai récemment publié sur Montaigne. L'une est de M. Philarète Chasles, et l'ingénieux professeur du Collége de France a cru devoir répondre à une critique qui, dans ma pensée, s'adressoit exclusivement à M. Grün ; mais M. Chasles porte dans ses relations privées les habitudes du haut enseignement dont il est chargé, et il m'apprend ce que j'ignorois en des termes où la plus exquise courtoisie le dispute à l'érudition. Je l'ai déjà remercié directement, je suis heureux de trouver l'occasion de le faire en public.

Quant à la lettre de M. Grün, le Bulletin s'est chargé d'y répondre. En plaçant en regard deux pièces d'un ton si différent, relatives au même article, il a fait de cette dernière la critique la plus sanglante. Tout ce que je puis faire pour la lettre de M. Grün, c'est de la répandre ; je la publierai, et elle formera le complément de mon article.

M. Grün me reproche d'avoir « *déchargé dans le Bulletin* « *toute une année de mauvaise humeur* ». *De la mauvaise humeur !* Mais c'est dans la lettre de M. Grün qu'on en trouve et non pas dans mon article ! Et si j'avois pu en éprouver en cette occasion, j'aurois dû commencer dès le premier jour de nos relations, et je me serois évité les reproches ou les railleries de mes amis.

M. Grün me menace de me *rendre un service*..... *de signaler tous les endroits où je me suis trompé ;* d'abord tout le monde est sujet à l'erreur, et le livre de M. Grün le prouve surabondamment ; ensuite, je pourrois m'être trompé encore plus que je ne l'ai fait, que cela n'ôteroit pas une erreur à M. Grün ; enfin, *ce service* qu'il me fait si délicatement entrevoir ne sera pas tout-à-fait gratuit, car pendant les dix-huit mois que je lui ai donné mon hospitalité, à lui, qui m'étoit (je le confesse) complètement inconnu, qui ne se réclamoit de personne, je lui ai signalé moi-même bon nombre de rectifications que le temps m'a fait connoître, et il ne sera pas sans agrément pour moi de me voir, un jour ou l'autre, écrasé par l'érudition de M. Grün, après lui avoir communiqué à peu près sans réserve les notes que j'ai recueillies, les travaux préparatoires que j'ai rédigés, les pièces authentiques que j'ai péniblement rassemblées depuis trente ans.

SIT MIHI TERRA LEVIS!

Avril 1856. Dr J. F. PAYEN.

senté comme celles de l'ancienneté de la noblesse des Montaigne, d'un d'Elbène, ambassadeur à Rome, quand on en a créé de toutes pièces au sujet des fonctions, de la mort, de l'ignorance de Pierre Eyquem, de la visite du roi de Navarre, des prétendues discussions sur la lettre de Mme de Castellane, de Jacques Montaigne, secrétaire de la reine, de la mort d'Arnaud, etc., etc.!!!

NOTE SUR LES LITHOGRAPHIES

JOINTES A CETTE PUBLICATION.

N° 1. Vue du château de Montaigne (façade de la cour), copiée sur une jolie aquarelle petit in-folio exécutée en 1813 par M. le baron de Vèze, auquel nous devons déjà la maison d'habitation de Bordeaux. Cette vue en général fort exacte donne des détails de construction qu'on ne retrouve pas dans les dessins modernes.

Il paraît qu'à cette époque le toit du corps de logis qui est à droite de la tour octogone se terminoit en pointe. Cette disposition qui se représente dans plusieurs dessins est aujourd'hui remplacée par un faîte horizontal d'une certaine longueur.

La fenêtre qu'on voit à gauche de la tour ronde, au premier étage, éclaire la chambre dans laquelle on dit que Henri IV a couché; je l'ai entendu nommer *la Chambre du roi*.

N° 2. A. Trait de la façade du château qui regarde la terrasse. Je ne sache pas que cet aspect de l'édifice ait jamais été donné.

B. Croquis fait par M. Lacour, vers 1789.

C. Ce plan donne l'état du château il y a 20 ans, d'après les renseignements que j'ai recueillis sur les lieux, mais non pas pourtant avec *la chaîne du géomètre-arpenteur*.

N° 3. Cette page reproduit dans ses dimensions originales un plan du château de Montaigne tel qu'il se trouve dans un recueil grand in-folio appartenant aux archives départementales de la Gironde, et intitulé : *Plans figuratifs de la jurisdiction de Montravel*. Au tome II on lit : *Noms des paroisses contenues en ce volume* : Bonnefare, SAINT-MICHEL, Montcaret, Sebreuil, Saint-Avit de Tizac, Nasteringes, Fauquerolles.

Le plan du château de Saint-Michel de Montaigne est tracé partie à l'encre noire, partie au crayon rouge (cette dernière portion assez grossièrement exécutée); ce plan est dit *figuratif* : je crois qu'en effet il n'est qu'approximatif et non pas géométral, car dans mes souvenirs les proportions sont autres et telles que les représente le plan du n° 2. (Les indications encadrées sont ajoutées par moi : la tour dite *Trachère* a été démolie en partie au commencement du siècle. Je dois le calque que je publie à M. Durand, ancien architecte de la ville à Bordeaux ; c'est dire qu'il est d'une scrupuleuse exactitude.

Ces plans qui, d'après le caractère de l'écriture, semblent dater du commencement du dernier siècle, ont été dernièrement mentionnés par M. E. Cortambert, attaché au département des cartes géographiques à la Bibliothèque impériale, dans un rapport adressé à M. le ministre de l'instruction publique sur les *Documents géographiques de diverses bibliothèques publiques de France* (5 nov. 1855).

N° 4. Tour de Montaigne.

N° 5. Calque pris par M. Durand sur un dessin dont l'authenticité, la date et l'auteur lui sont inconnus.

Cette vue d'ensemble a de l'analogie avec celle qu'a donnée Osterwald dans ses *Vues de France*, laquelle a été reproduite par la *France pittoresque* et la *Mosaïque du Midi*, et figure, réduite, au frontispice de l'édition anglaise des *Essais* de 1842-45. Je dois à notre bon Nodier d'avoir copié, il y a plus de vingt ans, un dessin à peu près semblable qui lui avoit été offert par un de ses amis, M. Régnier. Le trait de M. Durand, si comme le croit cet excellent juge, n'est pas tout à fait irréprochable, me paroît plus près de la réalité que les vues que je viens d'énumérer.

N° 6. *Fac simile* de la page écrite par Montaigne sur son exemplaire des *Commentaires de César*.

Au moment où ce précieux volume quitte la France, pour rester heureusement dans des mains françaises (1), je crois devoir publier le calque que j'avois levé sur cet autographe lorsque M. Parison me le confia en m'autorisant à y puiser tous les renseignements qu'il pourroit me fournir. Ce

---

(1) C'est M. le duc d'Aumale qui a acquis cet exemplaire au prix de 1550 francs sans les frais.

fac-simile conservera au moins une ombre de cette belle page... Ce sera, si l'on veut, une dernière fleur jetée sur la tombe de l'érudit dont le tact et la sagacité ont su découvrir et nous ont conservé cet inappréciable trésor.

Singulière destinée des livres ! Ce volume, d'origine étrangère, qui a reçu de Montaigne des lettres de grande naturalisation, qui pendant bien des années a habité une contrée qui fut longtemps sous la domination de l'Angleterre va aujourd'hui demander asile à cette nation avec laquelle Montaigne avoit lui-même quelque *cousinage !*

Un dévouement aveugle, qui n'avoit pas mesuré sa faiblesse, avoit pu seul inspirer cette illusion folle de joindre ce volume à ceux déjà nombreux qu'un culte pieux est parvenu à rassembler de la même bibliothèque pour en doter quelqu'un de nos dépôts publics où ce groupe auroit appelé à lui les autres livres connus ou à connoître du même maître.... Mais la réalité des enchères a bientôt fait évanouir ce doux mirage... ce rêve ambitieux... *Mementoquiapulvis es !*....

Que les destinées de ces livres vénérés s'accomplissent ! et plaisons-nous à espérer que l'Angleterre, qui nous a déjà restitué la Guyenne nous restituera un jour le César d'un des plus illustres enfants de cette belle contrée.

N° 7. J'ai rassemblé sur une même page les signatures des frères de Montaigne vivants à l'époque de la mort de leur père; je les ai fait suivre par les signatures de la fille et de la petite-fille d'Eléonore; n'ayant pas encore rencontré de signature de cette dernière, je l'ai représentée par deux lignes authentiques. Ce n'est point ici une vaine et puérile curiosité et je pense que ces spécimens avec attribution certaine pourront servir à apprécier des actes officiels, des lettres, etc., qui éclaireront l'histoire de la famille, et qu'ainsi on évitera des erreurs.

N° 8. Je ne connois pas moins d'une vingtaine de Montaigne du xvi° siècle qui ne se rattachent pas ou que je ne sais pas rattacher à la famille de Michel; parmi eux un seul est intéressant pour nous, c'est celui qui a été secrétaire de Catherine de Médicis; je donne de ce *François* MONTAIGNE la signature, et, comme spécimen de son écriture, la ligne qui constate sa qualité; j'y ai joint les lignes de la reine qui prouveroient au besoin l'identité du personnage.

En confirmation de ce que j'avance page 10 de mon premier article, j'ai dû donner en même temps la signature du Montaigne auquel M. Grün attribue par erreur les fonctions de secrétaire, *Jacques*, qui s'intitule : *Advocat general en la cour des aydes* la même année où sur plusieurs pièces *François* se qualifie secrétaire du roi et de la reine.

Quant à l'annotation de Catherine, autant qu'on puisse déchiffrer cette écriture indéchiffrable, je lis : « *Et daultent que Chentereau nest ysy ne hable* « (habilis) *de le fayre recomende a* MONTEGNE *de le contresigner.* »

N° 9. Vue du château de Mattecoulon dans son état actuel. Cette habitation intéressante pour l'histoire de la famille de Montaigne, porta d'abord le nom des MAROUX ou MARROUS, et devint la propriété de Bertrand Charles de Montaigne, qui prit le nom de Mattecoulon, qu'on avoit imposé au château. Cette maison fut pillée et démolie dans les guerres du xvi° siècle, et Mattecoulon la fit rebâtir, non sans avoir eu à lutter contre l'archevêque de Bordeaux. Depuis lors cette propriété est restée dans la descendance directe de ce frère de Montaigne, ainsi que l'indique le résumé généalogique sommaire qui suit :

La fille de Mattecoulon avoit épousé un Belcier, dont une descendante à la quatrième génération épousa, en 1746, Jacques de Cazenave, grand-père de M. Jacques de Cazenave, en ce moment résidant à Bordeaux, après avoir longtemps habité Mattecoulon, devenu aujourd'hui la propriété de M. de Boudon, qui a épousé une des demoiselles Cazenave. C'est le propriétaire actuel qui a eu l'obligeance de me transmettre le trait que je reproduis d'une habitation dans laquelle n'a pas cessé de régner le souvenir des Montaigne.

Les gens du pays disent communément château de Montpeyroux, nom de la commune dont il dépend et dont l'église lui est contiguë.

(Le savant abbé Lespine, mort conservateur de la Bibliothèque alors royale, et qui avant la révolution avoit été chanoine de la cathédrale de Saint-Front, à Périgueux, avoit été vicaire de Montpeyroux.)

Imp. Maulde et Renou.

N° 2

Façade du Chateau du coté de la Terrasse.
(1836.)

Croquis fait par Mr LACOUR, vers 1789.

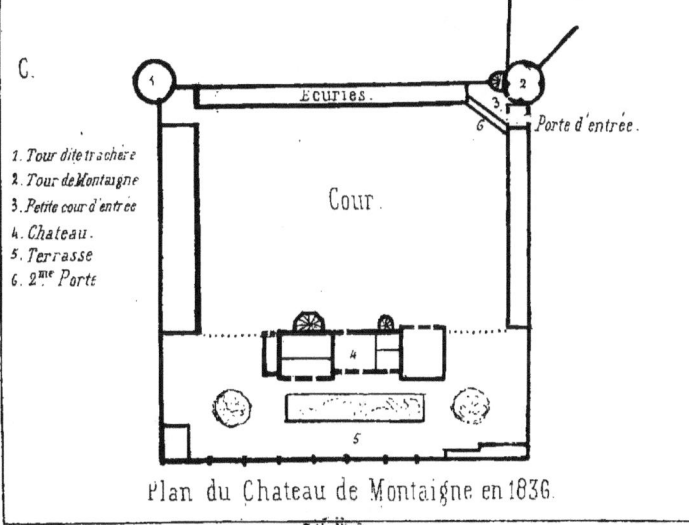

1. Tour dite trachère
2. Tour de Montaigne
3. Petite cour d'entrée
4. Chateau
5. Terrasse
6. 2me Porte

Plan du Chateau de Montaigne en 1836.

N.° 3.

PLANS FIGURATIFS
de la Juridiction de Montravel.
Tome 2.

PLAN N.° 27.
St Michel N.° 8.

Voyez Page 67.

1. Tour de Trachère ou de Madame.
2. Tour de Montaigne.
3. Potager.
4. Chateau.
5. Terrasse.
6. Métairie de Pidoux.
7. 1.re Entrée.
8. 2.me Entrée.

Manège. Maison pour le jardinier.

N

Chapelle
Ecuries
Volière
Cuvier et Chay
Chay à bois
Cheny

MAISON NOBLE DE MONTAIGNE.
Cour.
Boulangerie. Abreuvoir.
Puits?

Parterre.

Lith. Carles, 12 rue J.J. Rousseau.

N° 4. Plans de la Tour de Montaigne.

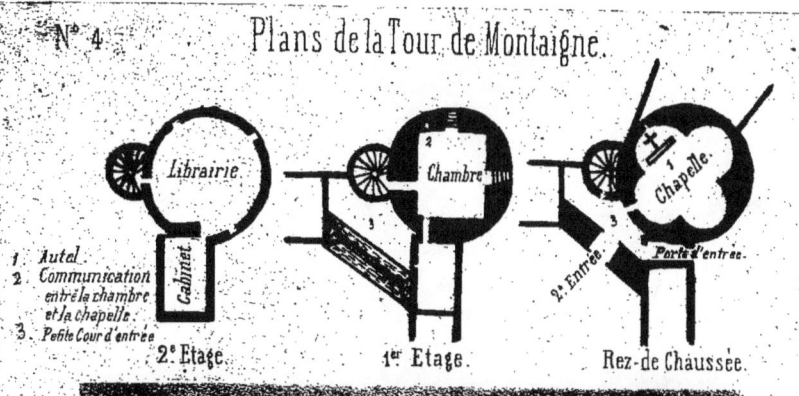

1. Autel
2. Communication entre la chambre et la chapelle
3. Petite Cour d'entrée

2.ᵉ Étage.   1.ᵉʳ Étage.   Rez-de-Chaussée.

LA TOUR DE MONTAIGNE.
(1823.)

N° 5.

Le trait par Mr Durand, Architecte.

Lith. par Marie Payan.

VUE D'ENSEMBLE DU CHATEAU DE MONTAIGNE.

N° 6

Commencé de lire ces livres des guerres à
aincts le 25 feur 1578 4f/ Somme cest cesar
un des plus gros miracles de Nature si elle
eut volu menager ses faveurs elle n'eut creé deus
pieces admirables le plus disert le plus net
et le plus sincere historien qui fut iamais car
en cete partie il n'en est nul romain qui lui soit
coparable et suis tres aise que cicero le iuge de mesme
lui et le chef de guerre en toutes consideratios des plus gra
qu'il s'en fit iamais Quand ie considere la grandur
inesparable de cete ame ie x cuse la victoire de
ne s'estre peu de faire de lui noire en cete
tresiniuste et tresinique cause et me sable qu'il
ne iuge de pompeius que deus fois /208/324/ ses autres
exploits et ses afferis il les narre naifuemat ne leu
derobe rien de leur merite Voire par fois il lui
prete des recomandations de quoi il se fut bie passe come
lors qu'il dict que ses coseils tardifs et cosiderez estoit
tirés en mauvese part par ceus de sa armee l'an pas la
isable le vouloir de charger d'avoir donc cete m/es na
ble bataille tenant cesar cobatu et assiege de bref n /319/
f/ me sable bie qu'il passe un peu legieremat ce grand
accidat de la mort de pompeius De tous les autres du
parti cotrere il e parle si indifferamat louat tatost
nous proposat fidelemat leurs actios verteusses toutes
vitieuses qu'il n'est pas possible d'y marcher plus
oscieureusemat S'il derobe rien a la verité estime
que ce soit par l'at desoi cau si grades choses ne
remet pas etre faictes par lui qu'il n'y aie plus
de soin qu'il n'y en met. C'est ce liure qu'un general
d'armee devroit continuellemat auoir devant les yeus
pour patro come faisoit le mareschal Strozzi qui le
savoit quasi par cœur il l'a traduit n'est pas ie ne sçay quel
philippe de cominnes que Charles cinquiesme auoit en
rommite recomandant que le grand Alexandre auoit les
œuuurs de Homere Marcus Brutus polybius l'historie

acheué de lire ces liures des guerres de
Gaule le 21 Juil 1578 45/

Thomas de Montaigne

Seigneur de Beauregard.

Pierre de Montaigne

Seigneur de la Brousse.

A. de Montaigne

Arnaud Sr de Matin.

B. C. de Montaigne

Bert^d Charles Seigneur de Matecoulon.

1618 J'espouze a montaigne charles de guamaches uicomte de zaimont

Éléonore fille de Michel Montaigne.

de gamache

Marie de Gamaches fille d'Éléonore.

de Lur de Saluces montazeau

Claude Magdeleine de LUR-SALUCES Fille de Marie de Gamaches.

FRÈRES PUÎNÉS DE MICHEL MONTAIGNE.

DESCENDANCE DE MONTAIGNE.

Françoys montaigne

Montaigne

Je Jacques de montaigne advocat general à Pau by la Cour &c
Jardan à Montpellier

De montaigne

* Un des secrétaires du Roi a porté le
nom de Chanterau le Fevre et le prénom de François
l'un de ceux de Saintignon un fils (Louis) qui fut
Conseiller au Parlement des Historiens de France
dans la generalité de Soissons.
[illegible]

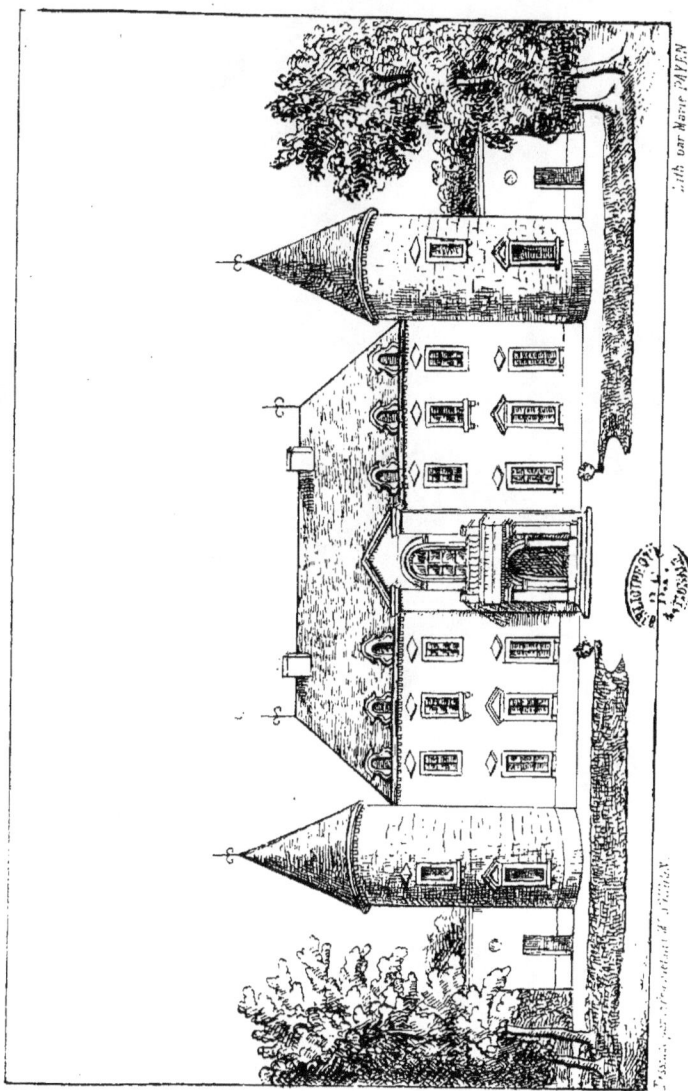

CHATEAU de MATTECOULON
1856

MAISON d'habitation de MICHEL MONTAIGNE, à Bordeaux.

MAISON D'HABITATION

DE

MICHEL MONTAIGNE

A BORDEAUX.

A la vente, faite il y a deux mois à peine, des tableaux, dessins et gravures de *M. le baron* DE VÈZE (1), j'ai été assez heureux pour obtenir, malgré l'élévation incroyable des prix du plus grand nombre des articles, le n° 549 du catalogue, composé d'un carton contenant 117 pièces et portant le titre bien justifié de : *Souvenirs de quelques lieux intéressants de la France, considérés comme berceau ou résidence de personnes illustres par leurs écrits ou leurs talents.*

Je savois par M. de Vèze lui-même qu'il avoit visité les habitations de Montaigne, à Saint-Michel et à Bordeaux; qu'il en avoit pris des vues, qu'il avoit relevé, même calqué au château des inscriptions de la librairie, et je tenois beaucoup à avoir à ma disposition ces vues, datant presque d'un demi-siècle.

J'ai trouvé, en effet, parmi ces dessins très remarquables pour la plupart, deux charmantes aquarelles petit in-fol., donnant, l'une (en travers) la vue du château avec un détail qui n'existe plus et qui n'est reproduit dans aucune vue que je connaisse ; l'autre (en hauteur) représentant la maison d'habitation de Montaigne à Bordeaux, telle qu'elle étoit en 1813.

(1) *J. Charles-Chrysostôme* PECHARMANT BARON DE VÈZE, chargé de dessiner les monuments de la France pour le grand ouvrage de M. de Laborde; gentilhomme de la chambre du Roi, etc.

Ce dernier dessin est surtout précieux, car je ne sache pas que jamais cette demeure ait été reproduite par la gravure ou la lithographie, et comme les changements immenses apportés dans ce quartier de Bordeaux ont à peu près complétement fait disparaître cette habitation, sa reproduction peut être donnée aujourd'hui pour une véritable *nouveauté*.

Le soin extrême apporté à l'exécution de tous les dessins de ce carton ; les études de détail de quelques châteaux (Villebon, Larochefoucault, Pau, etc.) ; le séjour prolongé que M. de Vèze m'a dit avoir fait dans ce pays (qui étoit le sien, et dont il a dessiné les principaux manoirs), spécialement à Bordeaux et au *château de Montaigne,* sont un garant que cet artiste amateur s'étoit bien renseigné sur l'habitation du philosophe. Par conséquent la discussion que peut soulever l'emplacement qu'elle occupoit, ne peut atteindre l'authenticité du dessin, sur lequel M. de Vèze avoit lui-même écrit : Maison d'habitation de Michel Montaigne a Bordeaux (1).

Où étoit placé cet hôtel ? Cela, pour moi n'a jamais fait doute ; mais au moment d'imprimer cette note, on m'a contesté mon opinion, et c'est ce qui m'oblige à entrer dans quelques détails pour la motiver.

Mes souvenirs, lorsqu'il y a bien des années, je visitai le château de Montaigne et sa maison de ville, guidé par les instructions que m'avoient données de vive voix MM. Bernadau et Jouannet, les renseignements directs ou indirects écrits sur cette habitation, tout concorde pour la placer Rue des Minimes. Toutefois, le scrupule que j'apporte dans toutes mes publications me faisoit un devoir de consulter, en ceci encore, mon érudit et si obligeant ami M. Gustave Brunet, qui habite Bordeaux, qui y a rempli et y remplit encore des fonctions municipales,

---

(1) Une jeune artiste, dont l'éloge seroit déplacé sous ma plume, à qui je dois déjà un portrait à l'huile copié, je puis dire *fac simile*, sur celui que Montaigne fit faire dans son voyage d'Italie, achève en ce moment la reproduction par la lithographie de l'intéressant dessin de M. de Vèze.

commerciales, littéraires élevées, et de lui demander son contrôle. M. Brunet s'est pour la première fois trouvé désarmé en face de mes provocations. « *Il savoit qu'on a dit que Montaigne avoit demeuré rue des Minimettes ou rue des Minimes.* » Mais, ajoute-t-il, « *le fait n'est peut-être pas authentique,* » et mon ami pensoit que le clocher qui est sur mon aquarelle pouvoit être LA TOUR d'une des enceintes de la ville, près Saint-Éloy et la rue Saint-James ; il consulta M. Lamothe, qui joint à une instruction profonde et variée la connoissance parfaite de la topographie ancienne de Bordeaux ; les obscurités augmentèrent. M. Lamothe, me disoit M. Brunet, « est persuadé que
« Montaigne n'a pas demeuré à côté des Minimettes, et qu'il y
« a là quelque méprise ; il se rappelle avoir vu, mais il ne peut
« dire où, que Montaigne logeoit rue Bouhaut. Ce qui confir-
« meroit cette assertion, c'est que M. Gras dit aussi avoir tenu,
« dans ses archives, un document qui atteste le domicile de
« Montaigne dans cette même rue. »

Cette contradiction inattendue donnoit, par cela même, un certain intérêt à la discussion, et comme le dessin de M. de Vèze pouvoit servir à l'éclaircir, c'étoit le cas de la pousser à bout ; je recourus donc à mes textes, à mes autorités.

Bernadau (*Hist. de Bordeaux,* édit. de 1839, page 278) dit : *Montaigne demeurait rue des Minimes, suivant une* RELATION *des querelles entre le duc d'Épernon et l'archevêque de Bordeaux* (1). On sait que ces scènes se passèrent en 1633 et 1634. Par conséquent, voilà un renseignement presque contemporain de Montaigne, mort une quarantaine d'années auparavant !

---

(1) Il ne me semble pas possible de contester la déclaration de Bernadau ; pourtant je n'ai pu réussir à trouver une publication sous le titre qu'il indique ; j'ai consulté une partie de ce qui a trait à cette bruyante querelle, *la relation véritable de ce qui s'est passé....,* etc. in-4°; *Mémoire de ce qui s'est passé au parlement de Bordeaux,* 1634 ; l'*Hermite de Cordouan,* le *Curé bourdelois,* l'*Apologie pour M. l'archevêque de Bordeaux,* etc., etc., et je n'ai pas rencontré le renseignement en question. Existe-t-il un manuscrit sous le titre donné par Bernadau ?

Le même, dans le même ouvrage, page 310, dit : « Le cou-
« vent des Minimettes étoit rue des Minimes. Nous avons vu
« les armes de Michel de Montaigne sur la façade intérieure de
« la porte d'entrée de ce couvent, auquel la famille de ce phi-
« losophe *avait donné quelque terrain pour le bâtir. Lui-même*
« *avait son hôtel sur le côté septentrional du couvent des Mini-*
« *mettes.* »

Le même, dans le *Viographe bordelais*, 1845, page 288, dit :
« Il existait, rue des Minimes depuis 1672, un couvent de reli-
« gieuses dites MINIMETTES. On a donné ce nom à la nouvelle
« rue qui a été ouverte sur le terrain de ce couvent ; à l'angle
« septentrional de ces deux rues s'élevait la demeure de Mon-
« taigne, auteur des *Essais ;* elle n'était distinguée des maisons
« du quartier que par ses combles recouverts en ardoises. Au
« devant de ce modeste hôtel, on a vu jusque dans ces derniers
« temps, une petite cour dont la porte d'entrée étoit décorée
« des armes de Montaigne. Avant qu'on n'eût démoli cette
« maison, nous avions proposé au propriétaire de placer sur la
« porte d'entrée l'inscription suivante :

« Philosophe sublime en sa naïveté,
« Lorsque le fanatisme appelait l'ignorance,
« Montaigne sût douter ; et le premier en France,
« En traçant son portrait, peignit l'humanité. »

Millin, en 1807, *Voyage dans le Midi de la France*, tome IV,
page 641, dit : « Tout ce qui rappelle la mémoire de Mon-
« taigne est fait pour inspirer l'intérêt. Après avoir révéré sa
« tombe j'allai m'incliner devant le lieu où était sa maison,
« rue des Minimes, 17, la porte cintrée en ogive et une tou-
« relle sont les seuls restes de cette modeste habitation ; les
« Bordelais devraient en consacrer le souvenir et en prévenir
« la destruction en y plaçant une inscription. » Or, l'aquarelle
de M. de Vèze donne en effet la *porte en ogive* et *la tourelle* de
Millin, les *combles* et la cour de Bernadau.

Jouy, dans son *Ermite en Province*, t. Ier, 1818, répète à peu près les mêmes termes, seulement il dit au sujet de la *tourelle*, qu'*on n'y retrouve la forme gothique que dans sa partie supérieure.*

Ainsi donc les preuves se succèdent et se classent comme il suit :

    1° La Relation de la querelle de d'Épernon en 1633.
    2° Millin, Voyage...................... 1807.
    3° De Vèze, aquarelle.................. 1813.
    4° Jouy, Ermite....................... 1818.
    5° Bernadau, Histoire de Bordeaux, 1re édit. 1838.
    6°   Dito   dito   2e   1839.
    7°   Dito   Viographe.......... 1845.

Et on remarquera la concordance parfaite de ces diverses autorités.

J'ai transmis à M. Brunet les motifs de ma persévérante conviction, et j'ai eu le bonheur de l'amener à la partager, il m'écrit (mai 1855) : « Il paraît que ce qu'on avait dit « de la rue Bouhaut était la suite d'un malentendu (1), c'est « bien rue des Minimes qu'il faut chercher la maison de Mon- « taigne à l'angle nord de cette rue et du côté de la cathédrale. « En vérifiant les choses, nous avons trouvé (M. Brunet étoit « avec M. Lamothe) que dans une cour qui est près de cette rue « il existe encore des vestiges qu'on a conservés d'une maison « du XVIe siècle, sans doute celle de Montaigne, notamment « une fenêtre, c'est du côté opposé à l'impasse. » Enfin, M. Brunet reconnaît que le clocher du dessin peut bien être celui de Saint-André, ou celui de Sainte-Eulalie dans son état ancien, c'est-à-dire avec une flèche aujourd'hui détruite.

J'ai prié M. Brunet de consulter chez les notaires les actes

---

(1) Une erreur pareille a eu lieu pour Montesquieu ; on avoit soutenu qu'il habitoit rue Sainte-Eulalie, dans l'hôtel situé en face la rue Labérat, c'étoit la demeure de son fils. Montesquieu habitoit l'hôtel de la rue Margaux, dans lequel est actuellement une chapelle.   (*Bernadau.*)

de possession, et il m'annonce que M. Lamothe, qui s'est chargé de cette recherche, a pu déjà constater : « par un des titres de « propriété des dames minimettes que c'était bien à une des- « cendante de Montaigne qu'avait appartenu cet immeuble. » Ce qui précède suffit donc et au-delà pour maintenir rue des Minimes la demeure de Montaigne.

Les expressions de Bernadau, d'ailleurs si explicite, ont pu contribuer à amener ou à entretenir la confusion ; il parle de Montaigne et des minimettes comme s'ils avoient été contemporains ; or, d'après lui-même le couvent a été fondé quatre-vingts ans après la mort du philosophe.

Voici, en résumé, comment les choses ont dû se passer. Au XVIe siècle, à l'extrémité ouest de la ville de Bordeaux, le fort du Hâ existoit dans toute sa splendeur, à son côté oriental on trouvoit et on trouve encore aujourd'hui une surface quadrilatère à peu près rectangle, limitée au couchant (du côté du fort), par la rue des Minimes, au levant par la rue des Palangues, au nord par la rue du Peugne (ou Martini), au midi par la rue du Hâ. D'après les plans cette surface peut avoir approximativement 100 mètres dans son petit diamètre, et environ 125 dans le grand ; elle a dû appartenir à la famille Montaigne ; en effet, l'hôtel de Montaigne étoit sur la rue des Minimes ; la portion du couvent des minimettes qui existe encore, et qui a été prise sur le terrain des Montaigne, est placée à peu près au milieu de l'intervalle de la rue des Minimes et de celles des Palangues ; enfin nous voyons qu'en 1616, Mme de Lestonnac transporte rue du Hâ le couvent de N.-D., qu'elle a fondé, et qu'elle avoit établi en 1607, près la porte Saint-Germain (Bernadau). On peut croire, qu'elle choisit cet emplacement parce qu'il étoit voisin de sa famille ; or, il se pourroit que sa mère, sœur de Michel Montaigne, eût eu dans les partages la portion de terrain sur la rue du Hâ.

L'expression de *modeste*, appliquée par Millin et par Bernadau à la demeure de Montaigne, pourroit donc bien n'être pas très-convenable; les restes étoient *modestes* au commencement du siècle, mais dans le xvie, alors que la propriété étoit entière, il y avait assurément là les éléments d'une grande habitation.

Postérieurement à la mort de Michel Montaigne, deux fondations religieuses eurent lieu dans ces parages : en 1608 les minimes, entre la rue de ce nom et le fort du Hà, vis à vis des Montaigne, et en 1672 les minimettes, au côté opposé de la rue des Minimes, sur le terrain même de la famille Montaigne. — A cette époque et longtemps encore après, les quatre rues qui limitent la surface décrite suffisaient aux communications, et j'ai sous les yeux deux plans de Bordeaux, gravés par Lattré, l'un en 1755, l'autre en 1760, où ces rues seules existent. Mais postérieurement on a ouvert une rue dite des *Minimettes*, partant de la rue du Peugne, et se dirigeant en formant un angle droit vers la rue des Minimes, l'ancien hôtel de Montaigne s'est trouvé dans l'angle saillant formé par ce coude, la maison qui offre aujourd'hui une croisée qui a peut-être appartenu à sa demeure ouvre sur cette dernière portion, et c'est ainsi qu'on a été amené à dire que Montaigne avoit demeuré rue des Minimettes, ou, comme dit Bernadau, que son hôtel étoit placé au nord du couvent, quoique couvent et rue n'existassent pas de son temps.

Ce quartier, depuis une vingtaine d'années, a subi une véritable transformation; le fort du Hà a disparu, il est remplacé par le Palais de Justice, une caserne et une prison; la rue Pellegrin a été prolongée sur l'ancien terrain des Montaigne; la place Rohan, l'Hôtel de Ville ont été créés dans le voisinage.

On peut donc dire que le temps presse pour recueillir tout ce qui a trait à une habitation intéressante dont les derniers vestiges, s'il en existe encore, sont près de disparoître.

Les impressions provoquées par la vue des habitations de Montaigne sont diverses comme les phases de sa vie; si en visitant son château on aime à se représenter le philosophe dans le

calme de ses méditations, en face des lieux qu'il a habités à Bordeaux, on se reporte aux temps de troubles, de guerres, de persécutions pendant lesquels il a vécu, on doit croire que, conseiller au parlement ou maire, il a dû y éprouver de bien fièvreuses émotions, et un intérêt puissant se rattache à de tels souvenirs. Cicéron l'a dit : *Tanta vis admonitionis inest in locis*, (*De fin. bon. et mal.*, lib. V, 2), et Montaigne lui-même :
« La veue des places que nous savons avoir été hantées et
« habitées par personnes desquelles la mémoire en est en re-
« commandation nous esmeut aucunement plus qu'ouir le récit
« de leurs faits ou lire leurs écrits. » III, 9. (1)

Dr J.-F. PAYEN.

(1) Montaigne traduit ici littéralement Cicéron, et il est surprenant que l'érudit M. J. V. Le Clerc, qu'on peut respectueusement qualifier *Cicéronien*, n'en ait pas fait la remarque, puisque l'auteur des *Essais* recommande à ses éditeurs de le *déplumer ;* le lecteur jugera si Montaigne en ce passage ne s'est pas paré de la plume de Cicéron :

« Tum Piso, naturâ ne nobis hoc, inquit, datum dicam, an errore quâ-
« dam, ut, cum ea loca videamus in quibus memoria dignos viros acceperi-
« mus multos esse versatos, magis moveamur, quam si quando eorum ipso-
« rum, aut facta audiamus, aut scriptum aliquid legamus ? »

(Extrait du *Bulletin du Bibliophile*.)

Imp. Maulde et Renou, r. de Rivoli, 144.

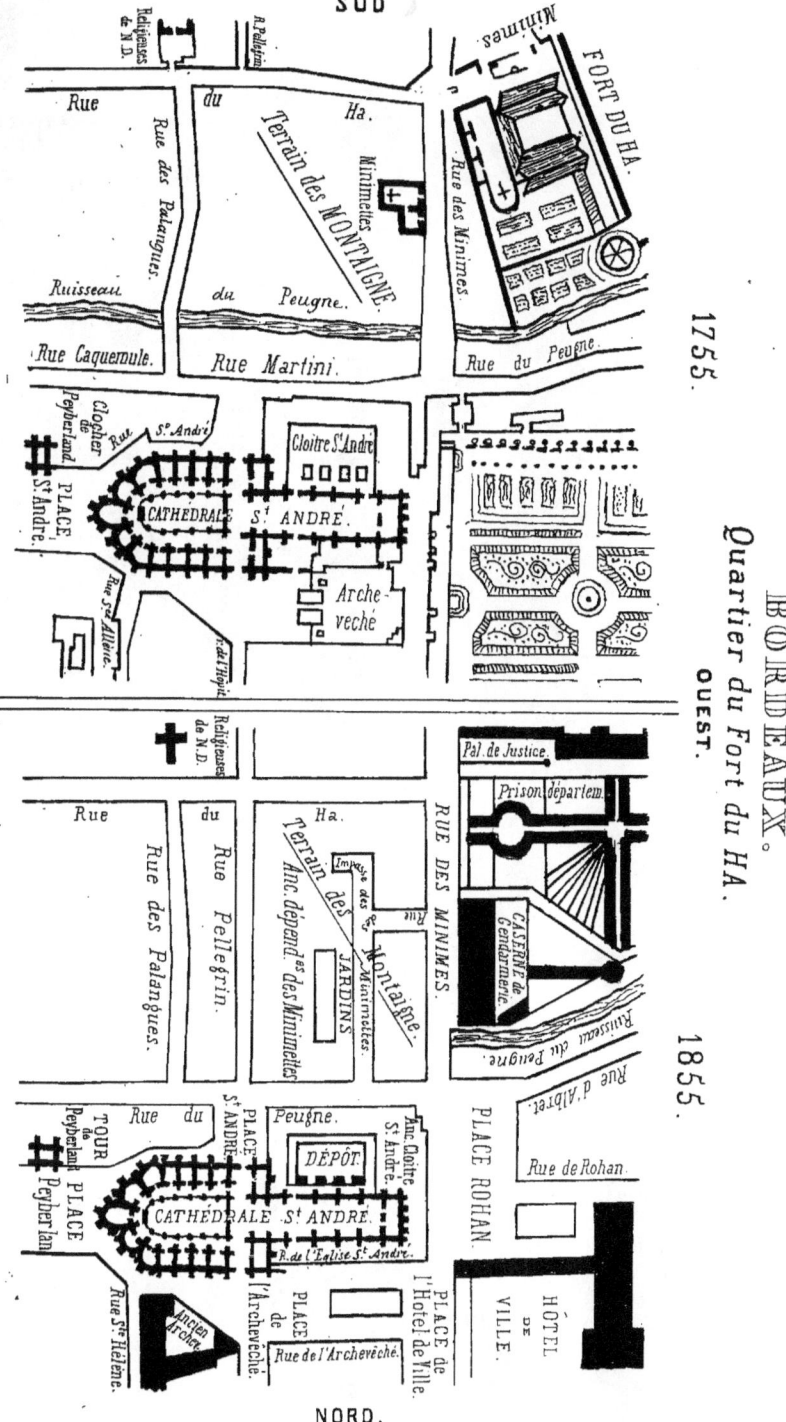

www.ingramcontent.com/pod-product-compliance
Lightning Source LLC
Chambersburg PA
CBHW070320100426
42743CB00011B/2491